本书为国家社会科学基金项目（项目编号：16CJL047）的

U0509892

人口老龄化背景下
人力资本影响贸易模式 的
作用机制与中国启示

The Mechanism of Human Capital Affecting Trade Model under
the Background of Aging Population and China's Enlightenment

黄 灿 ◎ 著

经济管理出版社
ECONOMY & MANAGEMENT PUBLISHING HOUSE

图书在版编目（CIP）数据

人口老龄化背景下人力资本影响贸易模式的作用机制与中国启示/黄灿著. —北京：经济管理出版社，2021.5

ISBN 978-7-5096-7982-1

Ⅰ. ①人… Ⅱ. ①黄… Ⅲ. ①人口老龄化—人力资本—影响—国际贸易—研究 Ⅳ. ①C913.6②F74

中国版本图书馆 CIP 数据核字（2021）第 094124 号

组稿编辑：任爱清
责任编辑：任爱清
责任印制：黄章平
责任校对：董杉册

出版发行：经济管理出版社
　　　　　（北京市海淀区北蜂窝 8 号中雅大厦 A 座 11 层　100038）
网　　址：www. E-mp. com. cn
电　　话：(010) 51915602
印　　刷：北京晨旭印刷厂
经　　销：新华书店
开　　本：720mm×1000mm /16
印　　张：12
字　　数：222 千字
版　　次：2021 年 7 月第 1 版　　2021 年 7 月第 1 次印刷
书　　号：ISBN 978-7-5096-7982-1
定　　价：78.00 元

前 言
PREFACE

　　一国拥有的劳动力数量与质量均随时间不断变化。在开放条件下，劳动力数量与质量都是影响一国比较优势的重要因素。在两者同时变化的情况下，一国的贸易模式会产生何种变化是一个相当复杂多变的经济学课题，围绕这一课题的许多研究领域都有待发展和完善。本书主要关注人口老龄化背景下人力资本影响贸易模式的作用机制。人口老龄化与人力资本积累的经济效应都是多重的，本书侧重分析两者对贸易模式的影响，包括对比较优势、贸易量、出口结构和全球价值链分工地位等方面的影响。

　　当前我国在国际贸易领域面临着内外部的诸多挑战。2020 年初新冠疫情的暴发导致全球经济深度衰退并加速全球化的倒退和收缩，甚至加快逆全球化的进程，这对于制造业发展处于上升阶段的中国来说无疑是严重的冲击。在国内，我国人口老龄化的程度不断加深和人口红利逐步消失导致制造业劳动力成本不断上涨，与泰国、菲律宾等东南亚国家相比，我国在很多劳动密集型产业上已无明显的比较优势。在发达国家制造业回流和周边发展中国家成本优势凸显的"双向挤压"下，我国在国际贸易领域亟须打造新的比较优势，实现以人口质量红利替代数量红利从而形成人力资本优势。

　　为此，本书针对人口老龄化对人力资本的影响、人力资本和人口老龄化分别对国际贸易的影响以及两者共同作用下对贸易模式的影响进行研究，并对人口老龄化背景下人力资本影响贸易模式的作用机制进行分析。在此基础上，本书提出了人口老龄化背景下开发人力资本促进经贸发展的相关政策建议。

目 录
CONTENTS

第一章

引 言

第一节　研究背景和意义

一、研究背景

人力资本作为物质资本以外的高级生产要素（Schultz，1960），是决定一国贸易模式和国际分工地位高度的核心因素。根据内生增长理论，内生技术进步影响着一国的比较优势进而决定了贸易模式，而一国技术进步的能力与该国的人力资本存量密切相关（Romer，1986，1990；Barro，1991），也就是说，人力资本存量的差异是国家间技术水平和劳动生产率存在差异的重要原因，从而对一国贸易模式产生决定性影响（Nelson & Phelps，1966；Benhabib & Spiegel，1994；Acemoglu & Zilibotti，2001）。另外，传统国际贸易理论中的比较优势论与要素禀赋论均阐述了人力资本存量、分布以及人力资本动态积累对一国贸易模式、分工地位的影响。基于要素禀赋理论，一国应生产并出口密集使用本国丰裕要素的产品，同时进口在生产中密集使用本国稀缺要素的产品。国家间要素禀赋的差异构成了开展贸易的基础。假定两国拥有相同的技术且自身拥有的资本总量和劳动力总和均完全相同，两国间唯一的差异在于人力资本存量的不同，那么一国的贸易模式主要由其人力资本存量决定（Ishikawa，1996；Frias et al.，2000），也就是说，人力资本相对丰富的国家将出口人力资本密集型商品（Bouheas & Riezman，2005，2007）。

人口老龄化同样是一国贸易模式的影响因素。全球人口在过去半个多世纪的时间里经历了生育率由高到低的转变。1950~1955 年全球平均每个妇女生育约 5

个孩子，2015～2020 年全球平均每个妇女生育约 2.47 个孩子①。当今全球将近一半的人口已经生活在生育更迭水平之下的国家和地区。即使在生育率最高的非洲，生育率也由 2000～2005 年的平均一个妇女生育 5.1 个孩子降低为 2015～2020 年的 4.4 个孩子。人口老龄化已经成为一个全球性的问题。老龄化使各国的人口年龄结构发生变化进而导致劳动年龄人口的减少。大量的理论和实证研究已经证实，充足的劳动力供给是经济增长的源泉之一。当人口结构呈现劳动年龄人口数量多、增速快和比重大的特点时，就形成了有利于经济增长的人口结构以及潜在的"人口红利"。"二战"后的日本和亚洲"四小龙"等国家和地区的经济高速增长均在一定程度上受益于人口年龄结构的改善。蔡昉（2018）指出，中国通过改革开放消除限制经济增长的障碍并将人口红利转化为极高的增长潜力，最终取得了史无前例的增长速度。同样地，当人口老龄化的推进导致人口红利减弱甚至消失时，一国传统的经济增长方式难以为继，经济增速可能出现回落。目前，人口老龄化程度最高的国家以发达经济体为主。G7 国家在过去十年中劳动年龄人口占总人口的比重均呈逐渐下降的趋势，其中，日本、德国和意大利的生育率已经低于 1.5。人口老龄化并未拖垮发达国家经济发展水平的一个重要原因是发达经济体通常具备较多的人力资本红利。

因此，有必要将人口老龄化与人力资本纳入同一框架下探讨两者对比较优势和贸易利益的影响与作用机制。当前全球主要国家都实行了开放型的贸易政策以期在国际分工体系中获得更多的利益。不同国家的人口老龄化程度与人力资本水平各不相同，其贸易模式与在国际贸易中收益也不尽相同。已有研究表明，人口红利和人力资本红利均是一国贸易模式的影响因素。人口老龄化在直接影响一国贸易模式的同时，也通过影响人力资本的积累间接作用于一国的比较优势和贸易模式。关于人口老龄化对贸易模式的影响，古典贸易理论中的要素禀赋论指出，国家间要素禀赋丰裕程度的差异构成了开展国际分工和交换的基础，而劳动力的充裕程度则由一国的人口年龄结构决定。人口老龄化所带来的劳动力供给相对下降，会从基础上削弱一国在制造业上的低成本优势。多数实证研究认为，人口老龄化会对我国出口产生负面影响并降低贸易顺差（田巍等，2013；李兵、任远，2015；徐元国等，2017；铁瑛等，2019）。然而对于人口老龄化对贸易模式和出口结构的影响，相关理论和实证研究尚未得到一致的结论。有研究认为，人口老龄化程度较高的国家将成为资本品的净出口国（Sayan，2005；Naito & Zhao，2009）；也有研究认为，人口老龄化程度较高的国家并不一定成为资本密集型产

---

① 联合国经济和社会事务部人口司. 世界人口展望［R］. 2018.

品的净出口国，而是应考虑正向的雷布津斯基定理的效应以及负向的消费和储蓄效应（Yakita，2012）。由于人口老龄化社会最早出现在发达经济体中，老龄化问题最为严峻的国家也集中在发达国家，所以，针对人口老龄化影响一国贸易结构与贸易利益的理论和实证研究以针对发达国家的研究为主，针对发展中国家的研究还很缺乏。

关于人口老龄化通过改变一国的人力资本投资水平进而间接影响贸易模式的研究方面，我们发现目前针对人口老龄化影响人力资本的理论与实证研究尚未得到统一的结论。既有文献形成了两种不同的观点：一种观点认为人口老龄化能够增加人力资本投资，另一种观点则认为人口老龄化将减少人力资本投资。如果人口老龄化的推进能够加速一国的人力资本投资，那么随着人力资本水平的提高和技术不断进步，一国就可能在资本和技术密集型产品的生产上形成比较优势。当前，包括中国在内的许多发展中国家都面临着人口老龄化程度不断加深导致传统劳动密集型产品比较优势逐渐削弱的问题。能否创造人力资本红利以缓解人口红利下降带来的不利影响，进而实现本国比较优势的转化与出口结构升级成为许多发展中国家共同面临的重要课题。

自改革开放以来，我国贸易自由化程度不断提高，进出口贸易得到了极大的发展。进出口总额从 1978 年的 206.4 亿美元增加至 2019 年的 45734 亿美元，2019 年进出口总额较 1978 年水平提高了 221 倍多。随着进出口额的不断提高，国际贸易已经成为我国经济发展的重要组成部分。与此同时，国际分工生产体系也经历了重要的变化，全球价值链分工体系形成并深入发展，不同的生产阶段和工序被分配到不同的国家和地区，各国在生产上的联系愈加紧密。在这一分工体系下，由于不同国家在价值链上所处位置不同，发挥的功能与获取的利益也有所不同。我国在很长一段时间内在全球价值链上主要通过加工装配、外包、物流等环节参与国际分工，利用的主要是我国丰裕的廉价劳动力带来的成本优势，在国际贸易中获取的增加值十分有限。提升全球价值链分工地位，避免陷入价值链"低端锁定"的困境是我国在国际贸易领域的重要挑战。作为全球第一人口大国，从国内外统计数据、历次人口普查得出的数据来看，目前我国的老龄化程度正在不断加深。以人力资本红利替代人口红利不仅是我国促进经济可持续发展的重要战略，也是提升我国全球价值链分工地位与贸易利得的实现路径。基于此，本书将在现有研究的基础上，探讨人口老龄化、人力资本对贸易模式与分工地位的影响，分析人口老龄化背景下人力资本影响贸易模式的作用机制和对我国的启示。

二、研究意义

关于一国贸易模式的理论研究自古典贸易模型的比较优势论、新古典贸易模型的要素禀赋论到新贸易理论对于规模经济和不完全竞争条件下的产业内贸易的解释已经相当完善，如果一国比其贸易伙伴国拥有更为丰裕且廉价的劳动力资源，那么该国在劳动密集型产品的分工生产和出口上就产生了比较优势。如果两国的劳动力总量相同，但劳动力身上蕴含的人力资本水平存在差异，即劳动力的受教育程度和技能水平不同，此时拥有更多高技能劳动力的国家将在技术密集型产品的生产和出口上具有比较优势。然而，在人口老龄化导致的劳动力供给与人力资本同时变化的情况下，一方面，一国的比较优势将产生何种变化还需要我们进行深入的研究；另一方面，对人口老龄化、人力资本影响贸易模式的分析有着很强的现实意义。人口老龄化导致的劳动力平均年龄升高和劳动供给总量下降对一国比较优势的冲击能否通过劳动力质量的提高得到改善？人口与就业政策、人力资本政策和国际贸易政策是否应该进行相应调整？这些问题的答案都建立在分析对人口老龄化与人力资本对分工模式和贸易利益影响的基础上。对于本书而言，我们将研究聚焦到人口老龄化背景下人力资本影响贸易模式的作用机制上。研究结论将对已有文献形成补充，也对政府和有关部门的政策制定提供事实依据。

作为全球第一人口大国，近年来我国的人口老龄化问题受到越来越多的关注。根据联合国标准，2000 年我国 60 岁以上人口占总人口的比重超过 10%，开始步入老龄化社会。根据中国统计公报，2019 年我国 60 岁以上人口占比已经升至 18.1%。我国的人口老龄化具有来得早、速度快、未富先老等特征，这给我国的经济发展和社会保障带来了重要风险和挑战。为此，近几年我国的生育政策不断调整和优化，包括于 2001 年、2013 年、2015 年相继推出"双独二孩"政策、"单独二孩"政策和"全面二孩"政策等。2016 年在"全面二孩"政策正式实施之后，当年出生人口数量达到 1786 万，创下十余年的新高，不过自 2017 年以来政策的影响逐渐降低，2019 年我国出生人口降至 1465 万。许多学者研究指出，老龄化是社会发展的必然趋势，即使限制生育的人口政策全部取消，我国人口老龄化依然是不可逆转的。这意味着政府和有关部门必须积极调整我国的人口发展战略，由从前的数量控制转向更加重视质量提升和结构调整。

2019 年 11 月，中共中央、国务院印发了《国家积极应对人口老龄化中长期规划》（以下简称《规划》）。《规划》指出，随着人口老龄化的推进，未来劳动力的绝对数量以及传统的"人口红利"重要性大大降低，技术进步与人力资本将越来越成为经济发展的重要推动力。人口老龄化带来的劳动力成本提升，正在倒逼我国政府与企业为保持竞争力更积极地投入技术研发与应用，进行智能化改造，提升劳动生产率，带来人力资本红利。目前，从识字率、文盲率、义务教育普及率等指标来看，我国已积累了较多的人力资本存量，属于人力资本大国。但从人类发展指数、劳动人口平均受教育年限、人口受教育结构以及人均教育经费等指标上来看，我国尚未成为人力资本强国。目前，我国接受初中教育的劳动力占比最高，受到高等教育或接受职业技术培训的劳动人口仍十分缺乏，人力资本红利尚未形成，人力资本结构有待高级化。人口老龄化对一国的人力资本积累和结构变化均有重要影响，对人口老龄化与政府、家庭以及个人人力资本投资决策间的关系进行理论与经验分析，既为研究人口老龄化背景下人力资本影响贸易模式的研究提供理论基础，相关研究结论也为我国在新时期制定人力资本投资的相关政策措施提供事实依据。

近年来我国在国际贸易领域同样面临着诸多挑战。在国际上，全球贸易总体呈现疲弱状态，单边主义和贸易保护主义抬头。尽管我国在加入国际分工体系的过程中创造了大量的就业岗位、获取了可观的贸易利益，但也面临着在全球价值链分工体系中"低端锁定"的困境。2020年初，新冠疫情的暴发导致全球经济深度衰退并加速全球化的倒退和收缩，甚至加快逆全球化的进程，这对于制造业发展处于上升阶段的中国来说无疑是严重的冲击。在国内，我国人口老龄化的程度不断加深和人口红利逐步消失导致制造业劳动力成本不断上涨，与泰国、菲律宾等东南亚国家相比，我国在很多劳动密集型产业上已无明显的比较优势。在发达国家制造业回流和周边发展中国家成本优势凸显的"双向挤压"下，我国亟须打造新的比较优势，实现以人口质量红利替代数量红利从而形成人力资本优势。因此，对人口老龄化背景下人力资本影响贸易模式等相关问题的研究有助于相关部门更好地制定和执行相关人口和经济政策。

第二节 研究思路和内容

一、研究思路

一国拥有的劳动力数量与质量均随时间不断变化。在开放条件下，劳动力数量与质量都是影响一国比较优势的重要因素。在两者同时变化的情况下，一国的贸易模式会产生何种变化是一个相当复杂多变的经济学课题，围绕这一课题的许多研究领域都有待发展和完善。本书主要关注人口老龄化背景下人力资本影响贸易模式的作用机制。人口老龄化与人力资本积累的经济效应都是多重的，本书侧重分析两者对贸易模式的影响，包括对比较优势、贸易量、出口结构和全球价值链分工地位等方面的影响。针对人口数量与人口质量影响贸易模式的理论研究已经相当充分，因此，本书的研究思路是在掌握了现有国内外研究进展的基础上，从理论和实证方面研究人口老龄化对人力资本的影响、人力资本和人口老龄化分别对国际贸易的影响以及两者共同作用下对贸易模式的影响，并对人口老龄化背景下人力资本影响贸易模式的作用机制进行分析。在此基础上，我们总结人口老龄化背景下开发人力资本促进经贸发展的国际经验并给出相关政策建议。

二、研究内容

本书一共包括八章内容。第一章首先对本书的研究背景、研究意义、研究思路、研究内容、方法和创新之处进行概括说明。其余章节的内容安排如下。

第二章为文献综述。本章通过对与选题相关的国内外文献进行收集、整理、总结和评述，目的是找出研究领域有待完善和补充之处以及新的研究问题和方向，从而为后文的研究奠定基础。本章内容主要包括三小节：第一节分别梳理了人力资本影响国际贸易的国内外文献；第二节整理了国内外关于人口老龄化和国际贸易之间关系的研究成果，包括人口老龄化影响国际收支、贸易模式与经济增长的相关文献；第三节主要关注现有研究人口老龄化、人力资本与贸易模式间关系的文献，包括国内外关于人口老龄化与人力资本投资之间关系的相关研究，以及人口老龄化与人力资本共同作用于国际贸易的已有文献。

第三章研究人口老龄化对人力资本的影响。本章首先分析人口老龄化影响人力资本的理论依据，在此基础上利用微观层面的数据对人口老龄化对我国家庭教育支出的影响进行了检验。本章内容包括三小节：第一节梳理了人口老龄化影响人力资本投资的理论文献和实证研究，为后文的分析提供文献基础；第二节在已有文献的基础上，从代际竞争效应和代际支持效应两方面分析了人口老龄化影响家庭教育投资的理论机制；第三节利用问卷调查数据实证检验了人口老龄化、代际联系对我国个体家庭义务教育开支的影响。结果表明，老年人与成年子女家庭间的代际联系是影响家庭义务教育开支占比的因素，表现为老年人与成年子女家庭的居住距离越近，成年子女家庭的教育开支占家庭收入的比重越高。

第四章主要研究人力资本对国际贸易的影响。本章第一节陈述了人力资本投资影响经济增长和国际贸易的理论依据，并介绍了常见的人力资本度量方法和度量指标。第二节实证考察了发展中国家的人力资本存量对一国全球价值链分工地位的影响，研究发现，人力资本存量是促进发展中国家全球价值链分工地位提升的重要因素。劳动人口的平均受教育年限越高，一国在全球价值链上的分工地位越有利。第三节检验了人力资本投资对一国出口结构的影响，实证结果表明，公共教育投入占比度量的人力资本指标对出口结构有显著影响，表现为人力资本水平的提高会降低一国出口中劳动密集型产品所占的比重，这一结论在发达国家和发展中国家中均成立。第四节从理论和实证两方面初步分析了人力资本分布与比较优势和贸易模式间的关系。通过比较分析中国和印度两国的人力资本分布和出口产品结构，我们初步验证了人力资本集中的国家在技术互补性强的制造业产品上具有比较优势，人力资本分布分散的国家则在技术互补性较弱的行业产品上具有比较优势。

第五章分析人口老龄化背景下人力资本影响贸易模式的作用机制。本章主要包括四小节：第一节为人口老龄化影响国际贸易的理论分析与典型事实；第二节在分析了我国人口老龄化进程与出口结构变化趋势的基础上检验了两者的相关性，实证结果表明，人口老龄化是出口结构的格兰杰原因；第三节使用我国省级面板数据实证检验了人口老龄化、人力资本投资对出口的影响，结果显示，虽然总体上人口老龄化尚未对我国出口产生显著的负面影响，但在东部沿海省份人口老龄化已对地区出口产生了显著的不利影响，人力资本投资对我国出口有显著的促进作用；第四节利用跨国面板数据检验了人口老龄化影响出口结构的作用机制。结果表明，人口老龄化一方面对劳动密集型产品的出口直接产生负面影响，另一方面也通过人力资本这一中介变量对劳动密集型产品的出口产生正面影响。由于正面的中介效应小于负面的直接效应，因此，总体上人口老龄化程度的加剧将显著降低劳动密集型产品在一国出口中所占比重。

第六章分析两个典型性老龄化经济体——日本和德国在应对人口老龄化、开发人力资本促进本国经贸发展方面的经验与教训，在此基础上，结合我国的现实情况，提出有针对性的启示与政策建议。本章内容包括三小节：第一节在概述日本人口老龄化与经贸发展情况的基础上，分析了日本应对人口老龄化开发人力资本红利的经验与教训；第二节在概述德国人口老龄化与经贸发展情况的基础上，分析了德国应对人口老龄化开发人力资本红利的经验与教训；第三节归纳总结日本和德国在应对人口老龄化、开发人力资本方面的经验对我国的政策启示。

第七章对全书进行了总结，归纳了理论及实证研究的主要结论，指出了本书存在的不足之处以及进一步研究的方向，此外也提出了本书研究结论的政策含义。

第三节　研究方法和创新点

一、研究方法

在初步分析人口老龄化、人力资本与国际贸易的基本情况与相关研究文献的基础上，本书主要研究了人口老龄化背景下人力资本影响贸易模式的作用机制。本书的研究将规范分析和实证分析相结合，以理论分析为基础，以实证研究为主体。具体而言，本书采用的研究方法主要有四个。

第一，文献法和统计描述法。本书的理论和实证研究均建立在充分掌握国内外相关文献的基础上。为此，本书第二章系统梳理并评述了关于人口老龄化、人力资本影响比较优势、贸易模式及贸易利益相关的相关文献。此外，本书以人口老龄化、人力资本和国际贸易的发展进程和变化特点为研究基础。

第二，模型构建法。本书运用科学的抽象思维方法，整合人口老龄化、人力资本影响贸易模式的相关理论来推演经济发展的内在规律。本书第四章详细介绍了人口老龄化影响家庭人力资本投资的代际竞争效应与代际支持效应。第五章理论分析了人力资本分布作为比较优势的基础对各国贸易模式的影响。第六章从理论机制的角度分析了人口老龄化通过改变劳动参与率和劳动力成本影响劳动供给，进而影响一国要素禀赋和贸易模式。

第三，计量分析法。本书的实证研究主要采用计量分析方法检验人力资本、人口老龄化对贸易模式及分工地位的影响以及人口老龄化背景下人力资本影响贸易模式的作用机制。为此，本书在第四至六章中分别使用了包括 OLS 回归方法、非参数估计方法、相关性分析法等多种计量回归方法对相关问题进行实证检验及稳健性检验。

二、创新点

目前针对人口老龄化以及人力资本影响国际贸易的研究涌现了大量的成果，但将两者进行结合分析人口老龄化背景下人力资本影响贸易模式的作用机制的文献为数不多，针对我国的具体情况建立模型并进行详细实证研究的文献仍然比较少见。基于此，本书的创新点可以概括为以下三点。

第一，研究视角创新。首先，已有文献大多分别针对人口老龄化或人力资本水平对一国比较优势和贸易模式的影响展开分析。本书区别于已有文献，在分析了人口老龄化与人力资本关系的基础上，着重分析了人口老龄化与人力资本共同作用下对一国贸易模式的影响。其次，不同于已有文献主要对人力资本存量与贸易模式间关系进行研究，本书还尝试分析了人力资本分布作为比较优势的来源对不同国家贸易模式的差异化影响。最后，已有研究我国人口老龄化影响人力资本投资的文献以宏观视角为主，主要研究的是老龄化对人力资本财政支出等指标的影响，本书选择从个体视角出发，利用微观层面数据对人口老龄化、代际强度对家庭教育投资的影响进行了检验。

第二，作用机制创新。目前研究对人口老龄化、人力资本影响贸易模式的探讨正在不断深入，但以研究人口老龄化影响贸易模式的直接效应为主且研究结论并不一致，而且针对人口老龄化通过人力资本间接影响贸易模式的研究还比较少见。为此本书采用中介效应模型实证检验了人口老龄化背景下人力资本影响贸易模式的作用机制，从直接效应与间接效应两个方面考察了人口老龄化与人力资本对贸易模式的影响路径，对人口老龄化、人力资本与贸易模式之间的关系进行了有益探索。

第三，计量方法的使用。由于实证研究构成了本书的主要内容，相关结论和政策建议均基于实证研究的结果。为了提高研究的准确性，本书在计量方法的使用上做了一定的创新。为了增大样本容量以及获取微观层面的研究结论，本书在第四章针对我国人口结构变化对人力资本投资影响的研究使用了家庭层面的大样本数据，并同时利用 OLS 估计方法和倾向性评分匹配法（PSM）进行了检验。本书在第六章利用构建交互项的方法进行回归以检验人口老龄化与人力资本对贸易模式的共同影响。实证研究中还使用了面板数据固定效应模型以及中介效应模型等不同计量方法。

第二章

文献综述

第一节 人力资本影响国际贸易的相关文献

一、国外相关文献

关于人力资本存量对一国国际贸易分工模式影响的理论分析主要包括两个方面：一方面，从内生增长理论出发，各国的比较优势受到本国技术进步的影响，内生技术进步的能力和一国人力资本水平密切相关，先进的技术必须要有相应的人力资本与之匹配，学者将其称为适宜技术理论。这是因为发达国家具有的使用先进技术的能力是与国内的高质量劳动力匹配的，而发展中国家的高动力质量相对较低，不具备吸收先进技术的能力（Lucas，1988；Keller，1996；Acemoglu，1998；Basuandwiel，1998；Acemoglu & Zilibotti，2001）。另一方面，将人力资本禀赋存量纳入要素禀赋理论框架，学者认为一国的贸易模式与其人力资本存量密切相关。在其他条件相同的情况下，人力资本存量的差异构成了两个国家进行分工贸易的基础，即在自由贸易条件下，人力资本禀赋存量相对更高的国家将出口人力资本密集型产品（Ishikawa，1996；Bouheas & Riezman，2005，2007）。Corvers 和 Grip（1997）建立了一个 HOV 模型分析发现，以中等和高技能劳动力以及研究开发投入衡量的人力资本是解释一国贸易模式的原因。具体地，拥有较多中高技能劳动力和技术知识的国家在高科技行业产品的生产上具有比较优势，在劳动力密集型行业产品的生产上具有比较劣势。学者也从技术匹配的视角出发，指出技术能力的形成需要与之匹配的人力资本结构（Chanaron & Perrin，1987），且人力资本分布的差异是生产率存在差异的重要原因，从而对一国贸易模式产生影

响。此外，不同发展阶段的技术水平也需要与之匹配的人力资本分布（Caselli &
Coleman，2006）。Dingel（2016）使用美国企业层面数据研究指出，具有较多人
力资本的城市也通过本地市场效应影响企业的出口产品结构。

近年来，部分学者开始研究人力资本分布与贸易模式之间的关系。由于现实
中存在高人力资本存量的国家出口非人力资本密集型商品的情况，学者开始将注
意力集中在人力资本分布对贸易模式的影响上。相关研究认为，比较优势产生的
原因可以是人力资本分布的差异（Grossman & Maggi，2000）。在多数情况下，人
力资本分布的差异而非人力资本存量决定着一国的贸易模式（Bougheas &
Riezman，2003）。具体地，人力资本分布较集中的国家将出口技术互补性强的制
造业产品，人力资本分布分散的国家将出口技术互补性较弱的行业产品（Bom-
bardini，2012；Asuyama，2012；Chang & Huang，2014）。也有学者持相反观点，
认为在完全信息或完美契约假定条件下，员工能力与他从事的工作一一匹配，那
么技术水平近似的国家在自给自足状态下生产产品的数量之比完全相同，国家间
人力资本分布的差异并不能产生比较优势（Ishikawa，1996；Grossman & Maggi，
2000；Grossman，2004）。然而，现实中员工能力往往无法被完全观测。人力资本
均值与技术水平相似国家的贸易模式可能大相径庭，人力资本分布的"多样性"
与"同质性"可能成为比较优势的来源。Bouheas 和 Riezman（2005）建立了一
个两国两部门贸易模型，他们假设两国要素禀赋上的唯一区别在于人力资本的分
布情况。理论模型说明了在两国的人力资本总量完全相同的情况下，人力资本分
布的差异将决定两国间的贸易模式。此外，他们还指出人力资本分布的差异也决
定了国际贸易的收入分配效应。Asuyama（2012）指出，人力资本分布分散的国
家在生产链条较短的行业产品上具有比较优势，人力资本分布集中的国家在生产
链条较长的行业产品上具有比较优势。作者使用 1983 ~ 2000 年行业层面出口数
据，实证检验了中国和印度的人力资本分布与出口贸易之间的关系，结果显示中
国人力资本分布相对集中，主要出口生产环节多、链条长的制造业产品；印度人
力资本分布相对分散，主要出口生产链条较短的资源密集型产品。Bombardini 等
（2014）考察了劳动力技能的分布及技能的可替代性对贸易模式的影响。他们认
为劳动力技能分布相对集中的国家在技术互补性强的制造业产品上具有比较优
势，人力资本分布分散的国家则在技术互补性较弱的其他行业产品上具有比较优
势。这主要是因为劳动力技能分布相对集中的国家生产效率往往更高，更适合从
事劳动力可替代性较高的制造业生产环节。他们并使用各国国际成人识字率
（International Adult Literacy Survey，IALS）分数的分布作为人力资本分布的代理
变量验证了理论模型的观点。Chang 和 Huang（2014）认为，教育体系与贸易模

式之间存在双向因果关系。一方面，一国的教育体系设置决定了该国的人力资本分布和比较优势，从而决定了一国的贸易模式；另一方面，国际贸易的收入分配效应将提升出口部门密集使用要素的报酬，引致一国教育体系设定的差异化。具体地，他们认为日本等一些东亚国家的教育体系中课程设置相对标准化和集中化，教育的评价体系主要通过标准化的考试来实现。为了达到统一的标准，这些国家的青少年更加重视书本课程的学习，相对而言不利于个性化能力的发展。而另外一些国家，例如美国等设置了更为分散化和个性化的课程设置及评价体系，这类国家的青少年因此能够更为自由地发展个人兴趣爱好但同时也可能缺乏对基本技能的掌握。他们使用国际数学与科学趋势研究（Trends in International Mathematics and Science Study，TIMSS）青年科学与数学评测数据建立了度量一国课程结构的相关指标，发现集中化的课程设置使人力资本分布更为同质化，多样化的课程设置使得人力资本分布更为分散化。

学者也针对人力资本的动态变化与分工模式的变化、长期经济增长之间的关系进行了研究。Lucas（1988）指出，人力资本存量的差异可能通过影响全要素生产率进而影响一国的经济增长率。也就是说，在其他条件相同的情况下，一方面，人力资本积累较多、人力资本存量较大的国家可能长期保持相对较高的经济增速；另一方面，人力资本是一种产生技术进步的要素，即人力资本通过技术进步这一中介间接作用于经济增长，表现为人力资本通过创新知识（技术）和加速技术的吸收与扩散促进技术进步，进而促进一国经济的持续增长（Romer，1986，1990）。Acemoglu 和 Zilibotti（2001）建立理论模型研究认为，发展中国家与发达国家间存在技术差距的一个重要原因是发展中国家的人力资本水平与从发达国家引进的先进技术无法匹配。尽管这种不匹配导致能够引进先进技术，但发展中国家在全要素生产率和人均产出上仍然与发达国家存在巨大差距。Aurora 和 Fortuna（2004）的实证检验了人力资本、技术创新与经济增长的关系，发现人力资本通过技术进步（创新）这一中介，间接对经济增长产生促进作用。de la Fuente 和 Ciccone（2002）、Sianesi 和 van Reenen（2003）等的实证研究均指出，人力资本投资对技术创新和技术外溢都有显著的促进作用。Bond 等（2003）建立了一个包含物质和人力资本积累的两国三部门内生增长模型以分析贸易模式在短期和长期的决定因素，认为当一国的人力资本增加时，该国将出口更多的人力资本密集型产品。表 2-1 显示了人力资本影响国际贸易的部分国外代表性文献。

表 2-1 人力资本影响国际贸易的相关国外文献

研究对象	研究视角	主要观点	代表性文献
人力资本存量与贸易基础	内生增长理论	技术进步影响比较优势，技术进步的能力与人力资本水平密切相关	Romer（1986，1990）；Barro（1991）；Keller，（1996）；Acemoglu（1998）；Basu 和 Wiel，（1998）；Acemoglu 和 Zilibotti（2001）
	要素禀赋理论	两国对外贸易的基础是人力资本存量的差异	Ishikawa（1996）；Frias 等（2000）；Bougheas 和 Riezman（2005，2007）；Dingel（2016）
人力资本分布与贸易模式	技术匹配视角	技术的发展需要与之匹配人力资本结构，从而决定贸易模式	Chanaron 和 Perrin（1987）；Corvers 和 Grip（1997）；Acemoglu 和 Zilibotti（2001）；Caselli 和 Coleman（2006）
	比较优势视角	人力资本分布的相对同质性和多样化决定了比较优势和贸易模式	Grossman 和 Maggi（2000）；Bougheas 和 Riezman（2003）；Grossman（2004）；Bombardini（2012）；Asuyama（2012）；Chang 和 Huang（2014）；Squicciarini 等（2017）
人力资本与贸易和经济增长	人力资本的动态变化	人力资本的积累决定分工模式的演变和长期经济增长	Lucas（1988）；Bond 等（2003）；Wang 和 Yao（2003）；Lee 和 Huang（2009）

二、国内相关文献

国内学者针对人力资本存量与分工模式进行了研究。许培源（2012）建立了一个理论框架，认为初始人力资本禀赋决定着贸易分工，人力资本相对积累率决定着分工模式的演变和创新能力的消长，从而决定着长期增长率。张小蒂、姚瑶（2012）通过借鉴人力资本的尼尔森—菲尔普斯作用机制和卢卡斯作用机制，将企业家人力资本纳入两类不同生产函数的分析框架中，可应用随机前沿生产函数模型和 C-D 生产函数模型来考察企业家人力资本拓展对比较优势增进的影响。研究发现，企业家人力资本的拓展可推动市场规模的显著扩大，而后者又能促进前者的进一步拓展，两者的良性互动有利于中国实现比较优势的动态内生性增进。目前基于人力资本分布与贸易模式的国内文献还比较少见。邵文波、李坤望、王永进（2015）基于劳动技能匹配的视角，讨论了国家人力资本结构与比较优势的关系。他们基于 Grossman 和 Helpman（1989）贸易模型的分析方法，在一般均衡的理论框架下首先分析了封闭条件下不同技能劳动力在不同替代弹性部门的均衡配置条件。在此基础上，考察了开放条件下两国因人力资本结构不同而形成的比较优势的差异，并进一步推广至多国情形。理论分析表明，人力资本结构差异并不能单独决定比较优势，还需要考虑替代弹性不同的部门对于劳动力技能匹配的要求，替代弹性高的部门要求技能差异大的劳动力搭配进行生产。在其他条件相同的情况下，人力资本分布偏向于某部门特定技能范围的国家在该部门具有比较优势。黄玖立等（2014）考察了学校教育对跨国出口模式的影响，研究发现，学校教育年限长的国家倾向专业化于那些对认知能力、沟通技巧和基本技巧等要求较高的行业，其对出口的影响主要体现在更多的产品种类和更多的伙伴国上。李静、楠玉（2017）分析了人力资本匹配、产业技术选择与产业动态比较优势转化之间的内在联系，认为一国在完成资本的初始积累后，如果鼓励采取偏向原本稀缺要素的技术进步，可以跨越"比较优势陷阱"，实现出口贸易的动态升级。

随着中国深入参与全球价值链分工生产，学者开始关注全球价值链背景下人力资本与一国国际分工地位之间的关系。唐海燕、张会清（2009）针对发展中国家的实证研究发现，尽管产品内国际分工对于价值链提升具有显著的推动作用，但主要来源于高层次分工合作的贡献，并且这一作用的发挥要以人力资本、服务质量以及制度环境等支持性条件的满足为前提。因此，作者指出，如果在参与分工的同时，能够加快人力资本积累、改进服务水平、完善制度环境，那么分工合作将会产生事半功倍的效果。卢福财、罗瑞荣（2010）采用中国和美国 1978～2008 年的数据，运用协整和误差修正模型对全球价值链分工条件下产业高度和人力资源之间的关系进行实证研究，结果显示，在全球价值链分工条件下，第二产业人力资源是第二产业内分工高度的直接影响原因。人力资源质量因子对产业内分工高度起正向促进作用而人力资源数量因子对产业内分工高度起反向消极作用。许培源（2012）也指出，对于发展中国家而言，提高人力资本积累率是改变分工地位、提高创新能力、缩小经济差距甚至在长期内实现经济赶超的根本选择。杨高举、黄先海（2013）在产品内分工分析框架下刻画发展中国家产业的国际分工地位受国内技术创新、劳动力投入、资本投入，以及 FDI 溢出效应等因素的影响机理，并以中国高技术产业和企业的数据进行实证检验，结果表明：国内的技术创新以及物质资本和人力资本等要素的协同性提升，是提高中国高技术产业国际分工地位的关键性内部动力，而 FDI 溢出效应的作用相对有限。李静（2015）分析了垂直专业化与产业全球价值链升级之间的内在机制，在此基础上把人力资本匹配引入到分析框架中，考察初始人力资本的选择与垂直专业化不同阶段的适配如何促使发展中国家在垂直专业化不断深化过程中持续提升其产业全球价值链的位置。作者认为，劳动力的比较优势是发展中国家参与国际分工的最佳切入点，初始人力资本的选择与垂直专业化不同阶段的适配将使初始人力资本的要素功能和外部性特征与其所处的生产环节有效结合起来，最大化地发挥人力资本的效应，从而促使发展中国家在垂直专业化深化过程中持续提升其产业国际价值链的位置。郭沛、秦晋霞（2017）运用世界投入产出数据库（World Input Output Data，WIOD），从参与全球价值链分工角度分析价值链长度对中国各行业熟练、非熟练劳动力之间工资差距的影响。实证结果表明：基于中国低技术劳动力优势，价值链长度指数对中国整体行业熟练、非熟练劳动力之间工资差距的影响为负，即价值链长度的延长缩小了中国整体行业熟练、非熟练劳动力之间的工资差距；分行业而言，价值链长度的延长缩小了制造业熟练、非熟练劳动力之间的工资差距；但价值链长度指数对服务业内部工资差距的影响不显著。耿晔强、白力芳（2019）检验了人力资本结构高级化和研发强度对发展中国家全球价值链地位升级的影响，发现人力资本结构高级化和研发强度的增大能够有效地促进资本技术密集型行业全球价值链地位的提升，但在劳动密集型行业中这一作用并不明显。

许多学者关注人力资本、技术进步与贸易和经济增长之间的作用机制。许和连等（2006）在 CH 模型的基础上，纳入了人力资本变量，构建了包含人力资本与国外研发共同作用项的进口贸易技术扩散测度模型，并利用我国和 15 个经济合作与发展组织（OECD）国家 1990~2004 年的数据，运用不同的人力资本度量指标对进口贸易技术扩散效应进行了检验。实证结果表明，通过进口贸易传导机制，国外研发的溢出对我国技术进步产生了显著的促进作用，但由于存在人力资本的临界效应，我国人力资本与国外研发溢出还没有很好地结合。王永齐（2006）指出，人力资本结构和分布状况对贸易溢出产生显著影响，人力资本水平的提高将增加贸易对经济增长的贡献，即贸易通过人力资本发生的技术溢出对经济增长会产生持久影响。冯晓玲、赵放（2009）论述了美国通过加大 R&D 投入，不断增加人力资本积累，才使更多的发明创新涌现，从而实现产业结构和贸易结构的优化。张若雪（2010）利用省级面板数据证实了人力资本投资对技术进步的促进作用，认为中国产业结构水平较低、升级缓慢的根本原因是我国劳动力绝对数量较大和相对素质较差。仲伟周、陈晨（2018）利用中国 1997~2015 年省级面板数据建立了以人力资本为门限变量的门限回归模型，实证分析了贸易开放水平对以专利申请量为代表的区域创新的影响。研究结果表明：贸易开放水平对专利申请量的影响存在显著的人力资本门限效应。在人力资本水平低于某一门限值时，贸易开放对我国各地区的专利申请量有着显著的负面影响，但随着人力资本水平的提高，贸易开放最终会

促进我国各地区专利申请活动，成为区域创新发展的重要动力。

人力资本被认为与产业结构高度关联，是影响一国产业结构升级的重要因素。代谦、别朝霞（2006）发展了一个动态比较优势模型研究人力资本与发展中国家产业结构升级的关系，认为动态比较优势的核心是人力资本积累。李福柱、李忠双（2008）我国人力资本产业配置结构由"一、二、三"型向"一、三、二"型演进，而高层次人力资本呈第一、第二、第三产业递增配置态势；尽管人力资本平均水平逐步提高，但人力资本结构性矛盾依然存在。东、中、西部地区人力资本产业配置结构异速变动反映了区域工业化进程和人力资本产业比较优势有效开发利用程度的差异，在此基础上提出了相应的调控对策。张国强、温军、汤向俊（2011），以中国各省份1978~2008年动态面板数据为基础，从国家和区域层面考察了人力资本及其结构对产业结构升级的影响。结果发现：人力资本对我国及东部地区的产业结构升级有显著促进作用；人力资本分布结构不利于产业结构升级且效应显著；人力资本内部结构与产业结构的显著性相关得到东部地区数据的支持，而在我国及中西部地区的效应不够明显，这主要是由我国投入导向的增长模式和劳动力质量水平不高所决定的。结论表明，人力资本水平提升及结构优化将会加速我国产业结构转型与升级，形成未来我国持续、稳定发展的强大动力。张桂文、孙亚南（2014）在分析产业结构演进对人力资本投资影响的基础上，采用灰色关联分析法测算了人力资本存量与产业结构演进的耦合度和关联度。结果表明，自改革开放以来，中国人力资本与产业结构演进存在较强的耦合关联，但两者的耦合程度不够理想。中国产业结构的演进趋势是从资本密集型产业为主转型升级为技术密集型产业为主。李静、楠玉（2019）认为，在市场条件下，后发国家的经济转型伴随着人力资本与产业结构错配，其占优决策为优先做好产业升级，而不是创新驱动。然而如果后发国家一直保持传统产业的比较优势，而不纠正人力资本与传统产业间的错配，那么难以缩小与发达国家的差距；在纠正错配时，后发国家如果过多地强调自主创新，而忽视产业升级，可能违背市场规律，难以摆脱传统产业的主导地位。

人力资本积累被认为是一国实现长期经济增长的动力。邹薇、代谦（2003）在标准的内生增长模型中分析了发展中国家对发达国家的技术模仿和经济赶超问题，指出发展中国家对于发达国家先进技术的模仿能力取决于发展中国家的人均人力资本水平。许多发展中国家之所以不能通过模仿发达国家的先进技术实现经济赶超，是因为其人力资本水平低下，无法吸收和利用发达国家的先进技术。引进的技术与人力资本的不匹配导致了发展中国家技术模仿的失败以及经济增长绩效的低下，提高人力资本储蓄率、普遍提高普通劳动者的人力资本水平应该成为发展中国家政府一个可行的战略选择。陈仲常、马红旗（2011）结合人力资本平均存量的高低及我国人力资本分布结构的规律性，实证分析了我国人力资本离散度与经济增长的关系。结论表明，具有较高人力资本平均存量地区的人力资本离散度正向于经济增长，而具有较低人力资本平均存量地区的人力资本离散度负向于经济增长。依据"高等教育拉动""正态分布"和"低等教育拉动"三种类型，文章从人力资本的"追赶效应"出发，归纳了内生增长理论的趋同思想，并发现具有"高等教育拉动型"和"正态分布型"人力资本分布结构的地区与前沿人力资本存量地区有增长趋同性，而具有"低等教育拉动型"的地区与之具有增长发散性。李德煌、夏恩君（2013）从四个维度建立新型人力资本综合测量体系，通过因子分析法对人力资本的综合水平进行了衡量。其中，四个维度主要是指教育、劳动力再培训、身心健康和劳动力合理流动。在此基础上，作者把人力资本综合存量这一指标引入 Solow 模型中，构建扩展的 Solow 模型。利用扩展 Solow 模型，并结合最新人口统计数据进行实证分析，建立扩展的中国经济增长模型。研究发现，人力资本和技术进步正逐渐成为我国经济增长的主要影响因素，劳动力数量对经济增长的影响在逐渐减弱。于伟、张鹏（2018）基于 2000~2014 年省域尺度数据和门限回归模型研究显示，由于存在人力资源优势长期释放、"干中学"效应和创新生态系统整体优化等，教育经费投入对经济增长效率存在非线性关系并表现出双重门限特征。陈晨、仲伟周（2018）基于我国省级面板数据，通过方差分解有效识别与度量不同等级人力资本对中国区域收入差距的贡献率。结果表明，初级教育人力资本积累加剧了区域收入差距，但其贡献率大小存在区域异质性，对区域间收入差距扩大的平均贡献率为 11.9%，而高等教育人力资本对区域间收入差距缩小的贡献率为 7.54%。表 2-2 显示了人力资本影响国际贸易的国内相关文献。

表 2-2 人力资本影响国际贸易的国内相关文献

研究对象	研究视角	主要观点	代表性文献
人力资本与贸易基础	比较优势与分工模式	人力资本存量、分布差异决定一国的比较优势、贸易模式	张小蒂、姚瑶（2012）；许培源（2012）；黄玖立等（2014）袁富华、张平、陆明涛（2015）；邵文波、李坤望、王永进（2015）
人力资本存量与 GVC 分工	分工地位视角	一国人力资本存量、结构与其价值链分工地位密切相关	唐海燕、张会清（2009）；卢福财、罗瑞荣（2010）；李静（2015）；姚瑶、赵英军（2015）；郭沛、秦晋霞（2017）；耿晔强、白力芳（2019）

续表

研究对象	研究视角	主要观点	代表性文献
人力资本与贸易和经济发展	技术进步视角	人力资本影响技术进步，二者共同促进经济增长	林毅夫、张鹏飞（2006）；王永齐（2006）；许和连、介朋、祝树金（2006）；冯晓玲、赵放（2009）；魏下海（2009）；张若雪（2010）；仲伟周，陈晨（2018）
	产业结构（升级）视角	人力资本与产业结构高度关联，是影响产业结构升级的因素	代谦、别朝霞（2006）；李福柱、李忠双（2008）；张国强、温军、汤向俊（2011）；张桂文、孙亚南（2014）；李静、楠玉（2019）
	经济长期增长	人力资本积累、人力资本分布影响经济增长、收入差异	邹薇、代谦（2003）；赖明勇（2005）；姚先国、张海峰（2008）；欧阳峣、刘智勇（2010）；陈仲常、马红旗（2011）；李德煌、夏恩君（2013）；周少甫、王伟、董登新（2013）；陈晨，仲伟周（2018）

探讨人力资本影响贸易模式的作用机制的一个核心步骤是细化人力资本分布。已有研究使用劳动力技能分布（Skill Dispersion）来衡量人力资本分布的异质性（Grossman & Maggi，2000；Bougheas & Riezman，2007），但在实证研究中使用国际成人识字率（IALS）指标作为人力资本分布的代理变量（Asuyama，2012；Bombardini et al.，2014）仍然是比较粗略的，还需要构建更为合理的指标衡量人力资本的多样性与同质性。

第二节 人口老龄化影响国际贸易的相关文献

一、人口老龄化与国际收支

（一）国外相关文献

在一个封闭的经济中，储蓄（S）等于投资（I）。而在一个开放经济中，公式则变为：CA = S-I，其中，CA 表示经常账户余额（昌忠泽，2018）。因此，如果人口老龄化影响着储蓄，也会影响经常账户平衡以及资本流动。Coale 和 Hoover（1958）最早针对人口年龄结构和储蓄率及经常账户的关系进行了研究，并提出了"抚养负担假说"（Dependency Hypothesis），指出较高的社会抚养负担将造成消费过高、储蓄和投资不足，不得不依靠外部资本流入，从而造成经常项目逆差。自 20 世纪 90 年代以来，国外关于人口老龄化与国际收支的影响开始逐渐增多。Taylor 等（1994）研究发现，1870~1913 年，从不列颠旧大陆到美洲和澳大利亚等新大陆的资本流动在很大程度上能够通过两个大陆之间的抚养率的差别来解释。1900 年阿根廷、澳大利亚、美国和加拿大的抚养率比旧大陆的抚养率分别高 7.7%、2.7%、1.8%和 2.0%，这使新大陆国家由于较低的储蓄率迫使其从旧大陆引进资本，这一研究结论支持了抚养负担假说。Higgins（1998）指出，当一个国家的青少年人口占比较高时，少儿抚养比高将导致该国的储蓄率较低，但由于潜在的劳动供给也在增加，投资率因此偏高，此时该国存在外部流入，表现为经常项目逆差；当劳动年龄人口占比较高时，投资相对于储蓄增长缓慢，存在资本流出，表现为经常项目顺差。Fougere 等（1999）基于生命周期假说，建立了一个开放经济中的世代交叠模型（OLG）对部分（OECD）国家（加拿大、法国、意大利、日本、瑞典和英国）进行了实证研究，研究结果并没有支持"老龄社会将会面临储蓄短缺，进而导致资本内流"的生命周期假说。事实上人口老龄化国家的经常账户得到了改善而非恶化。人口老龄化国家国内投资需求的降低要大于人口老龄化导致的国民储蓄的降低。这意味着即使老龄化导致储蓄水平下降，人口老龄化国家依然存在着超额储蓄，从而能够使资本流动到拥有较多年轻人口的国家。Henriksen（2002）建立代际交叠模型分析了日本与美国之间贸易差额巨大的原因，发现日本劳动年龄人口所占比重和劳动人口平均年龄都高于美国，这导致了日本的高储蓄和资本供给，而日本较低的出生率和移民率意味着只有较少的年轻劳动力进入劳动力市场，所以日本对投资的需求较低，两方面的共同作用导致了日本经常账户的盈余和美国经常账户的赤字。Luhrmann（2003）在 Higgins（1998）分析框架的基础上构建了一个加总的经常账户余额为零的全球样本数据估计人口结构变化对经常账户的影响，研究发现，少儿抚养系数高的国家倾向于从国外引进资本，从而形成经常账户赤字；预期到的人口结构变化会显著影响经常账户余额，少儿抚养系数的未来减少与预期到的资本净流出或经常账户盈余有很强的联系。Chinn（2003）等利用 89 个国家 1971~1995 年的数据进行实证研究，发现人口抚养比与经常账户存在负相关关系。Feroli（2003）针对 G7 国家实证研究认为，主要发达国家的人口年龄特征差异影响这些国家的长期资本流动。美国的长期经常账户赤字和日本的经常账户盈余均能够通过人口结构得到解释。Andrea（2005）分析了人口年龄结构变化对美国和其他6个G7国家间贸易收支的影响，发现超额储蓄使金融市场回报递减，债务负担和接待成本下降，外部资本大量流入，从而导致长期的贸易赤字。Karras（2009）利用开放经济中的世代交叠模型（OLG）考察了人口增长率对储蓄和经常账户平衡的影响，研究表明，人口增长率对储蓄率和经常账户余额具有负的影响。这项研究结果为以下观点提供了进一步的证据：较高的人口增长率意味着年轻的赡养人口比重较高，较高的年轻人口赡养率对储蓄和经常账户余额施加了向下压力，从而导致资本流入。

也有学者针对人口老龄化、汇率变化和经常账户的变化进行了分析。Andersson等（2006）利用25个OECD国家1971~2002年数据进行研究发现，青年人和中年人这2个年龄组对实际汇率施加了贬值的压力，这2个年龄组具有的典型特征是需要养家且生产率高。为退休而储蓄，造成资本外流，从而产生实际汇率的贬值效应。对于年轻人和年轻的退休者而言，则没有发现对实际汇率存在显著影响。但是在年老的退休者中系数显著为正，这表明该年龄组通过负储蓄行为对实际汇率产生正的影响。Erik（2008）利用176个国家的数据实证检验发现，人口年龄结构无法较好地解释全球贸易失衡现象，但是中国和日本的人口年龄结构变化是解释全球资本流动和经常账户变化的关键因素。Aloy等（2009）通过一个世代交叠模型（OLG）考察了日本人口老龄化因素对实际汇率的影响，发现金融财富的变化决定于该国的净金融地位。如果该国是债权国，那么人口增长的下降将会增加金融财富；如果该国是债务国，那么人口增长的下降将会减少金融财富。人口增长下降带来的金融财富的增加（减少）会导致消费的增加（减少），最终引起实际汇率的升值（贬值）。Rose等（2009）从多个角度分析了人口结构和实际汇率之间的联系，认为人口生育率的下降增加了储蓄。低生育率带来的人口规模下降会带来投资水平的降低。因此较高的储蓄和较低的投资改善了经常账户，造成实际汇率的贬值。

（二）国内相关文献

关于人口老龄化对国际收支或者贸易差额的影响，国内学者也有较多的研究。王言仁（2003）利用1978~2002年中国统计数据研究发现，人口抚养系数与经常账户余额存在显著的负相关关系，作者认为人口结构的变化是造成中国贸易顺差的一个重要因素，较高的劳动年龄人口占比抑制了劳动力工资上涨的趋势，强化了中国的劳动力成本优势。陈智君、胡春田（2007）建立修正的 Blanchard-Fischer 模型以反映人口结构变迁，计算结果表明，基于人口年龄结构变迁的原因，即使是处于发展初期的发展中国家，经常项目顺差也有可能是最优的外部均衡目标。姚洋和余淼杰（2009）指出，中国出口导向型的增长模式是基于本国独特人口特征的一种自我选择，这种人口特征主要包括大量的农村劳动力、较低的城市化水平和较低的人口抚养比。杨继军（2010）利用动态面板数据实证检验了人口年龄结构和人口流动对中国贸易收支的影响，发现人口抚养比的下降和人口跨地区和行业的流动是造成贸易顺差的因素。杨继军和马野青（2011）从人口年龄结构与人口流动两个方面来探讨中国经济内外部失衡的成因。他们认为一方面人口抚育负担的持续下行，助长了国内的高储蓄，考虑到个体的储蓄要滞后于投资需求，结果呈现结构性的国民储蓄大于国内投资；另一方面是人口的跨地区、跨行业流动实现了劳动力配置的帕累托改进，提高了劳动者收入。但由于人口流动背景下风险因素的增加以及社会保障体系的滞后，预防性储蓄凸显。消费不足、储蓄过度必然对外部市场形成压力，贸易收支呈现结构性顺差。汪伟（2012）构建一个开放经济三期世代交替模型讨论了人口结构变化对中国经常账户余额的影响。理论研究发现，少儿抚养系数的下降会引起储蓄率相对于投资率上升从而形成经常账户盈余，人口老龄化会降低储蓄率从而对经常账户余额产生负向影响。然后，文章运用中国 1993～2009 年省级面板数据进行了实证分析，经验结论与理论模型预测一致，人口结构变化能够解释中国经常账户余额变化的将近45%。在控制了其他解释变量后，人口年龄结构变量对经常账户的影响依然显著。范叙春、朱保华（2012）基于生命周期理论，在选定相关分析指标的基础上，文章使用我国省际平衡面板数据，实证分析了我国人口预期寿命增长和年龄结构改变对国民储蓄率的影响。分析结论表明，人口预期寿命增长提高了我国国民储蓄率；不考虑时间效应时幼年人口负担比提高会减少国民储蓄率，而老年人口负担比提高会增加国民储蓄率；在考虑时间效应时幼年人口负担比提高会增加国民储蓄率，而老年人口负担比提高会减少国民储蓄率。Lee 等（2013）采用永久性收入假说来评估国民储蓄行为并考察了中国人口结构变化因素带来的影响。通过仿真模拟全球储蓄行为后发现，随着居民储蓄份额的上升，中国 2000 年经常账户呈现逆差，2010 年经常账户呈现顺差，而到 2045 年左右中国经常账户重现逆差。美国、欧盟的经常账户趋向与中国情况恰恰相反。李兵、任远（2015）利用第二次世界大战资料构造了人口结构的工具变量，通过 2005～2012 年 165 个国家的跨国面板数据考察了人口结构与经常账户结余的因果关系。发现人口抚养比对一国的经常账户结余有显著的正向影响，且在利用工具变量处理了内生性问题之后，这个影响在程度上更大、更显著性更强。作者认为人口抚养比提高导致的"预防性储蓄"动机的上升抵消了"生命周期理论"的效应，使人口结构对于储蓄率没有稳健的显著影响，并预测中国的经常账户盈余也会持续存在。刘渝琳、刘铠豪（2015）在个体储蓄模型和企业决策模型的基础上构建了一国经常项目收支模型，考察了人口结构变化对一国经常项目收支的影响。实证研究结果表明，少儿抚养比对我国经常项目收支具有显著的负效应，且该负效应随着经济发达程度的提高而增强；老年抚养比对我国经常项目收支的影响并不显著；人口性别比对我国经常项目收支具有显著的正向影响，且该影响随着经济发达程度的提高表现出倒 U 形特征。人口结构变化能够解释我国经常账户变化的 1/4，是经常账户收支持续顺差的重要原因之一。李超、罗润东（2018）利用中国家庭追踪调查 2010~2014 年面板数据分析了家庭年龄结构与储蓄率的关系，研究结果显示，老龄化对我国微观家庭储蓄率的净效应为正，说明家庭由于老龄化产生的预防动机大于生命周期消费模式对储蓄率的负效应，我国以此收获了第二次人口红利。

二、人口老龄化与贸易模式

Sayan（2005）利用 OLG 模型，用人口出生率的下降度量人口老龄化，最先研究了人口老龄化对一国贸易模式的影响，认为人口老龄化使该国资本变得相对充裕，劳动变得相对稀缺，因此降低了该国资本密集型商品的相对价格，提高了资本密集型商品的出口比较优势。

Naito 和 Zhao（2009）建立了一个两个国家、两种生产要素、两类商品的两阶段跨期迭代模型以研究人口老龄化对贸易模式和贸易利得的影响，认为在自由贸易稳态点上人口老龄化程度高的国家将出口资本密集型商品而相对年轻的国家决定国际商品价格。Yakita（2012）使用预期寿命的延长来定义人口老龄化，认为人口老龄化程度较高的国家并不一定成为资本密集型产品的净出口国，而是应考虑正向的雷布津斯基定理的效应以及负向的消费和储蓄效应。一国的贸易利得视贸易开放条件下一国成为资本密集型产品的净出口国还是净进口国而定。在国内研究方面，田巍等（2013）研究认为，一方面高劳动人口比例会使出口国产出增加，从而增加出口；另一方面高劳动人口比例也会给进口国带来更多的劳动收入，从而增加进口。作者利用 176 个国家 1970~2006 年的大样本面板数据并控制多边阻力等因素，在引入劳动人口比之后，对贸易引力方程的回归分析支持了如下理论预测：贸易国的劳动人口比例上升会增加双边贸易流；出口国（进口国）平均劳动人口比上升 1%，出口（进口）会上升至少 3%（2%）。李兵、任远

（2015）研究认为，随着一国非劳动年龄人口的上升，负储蓄会增加，从而使得储蓄率降低甚至变成负储蓄，从而降低一国的贸易顺差。王有鑫等（2015）利用122个国家和地区1995~2010年HS6分位产品层面贸易数据实证发现人口老龄化显著促进了出口产品品质升级。王有鑫、赵雅静（2016）利用显示性比较优势指数、Michaely指数和净出口率指数衡量中国2000~2013年27个制造业行业的出口比较优势，发现现阶段中国出口比较优势仍然以劳动密集型商品为主，但出口比较优势开始向资本密集型商品转移。作者分别利用三种人口老龄化和少子化指标对两者关系进行实证检验发现，无论是从生产还是消费角度来说，人口老龄化程度加剧提高了劳动密集型商品的相对价格，有利于资本密集型商品出口比较优势提升。如果只考虑出口少而人口比重下降对资本密集型商品的显示性比较优势有利，但对同时考虑进口和出口的Michaely指数和净出口率指数不利。黄顺绪等（2017）利用中国2001~2014年省级数据实证分析了人口年龄结构与向非传统市场出口的关系，结果显示：一个地区人口老龄化进程越快，越有利于向G7国家及港澳台以外市场的出口增长，且在资本密集度较高的地区更为突出。我国的人口年龄结构变动促进了出口市场多元化，而向非传统市场的出口主要由资本品拉动，从而促使我国比较优势加速演进。铁瑛、张明志（2017）从理论和实证两个层面分别刻画和验证了人口结构对出口贸易影响的微观作用机制。基于城市人口结构信息与微观企业信息的匹配，实证研究表明，城市劳动参与率的提高促进了企业出口量的扩张；城市劳动参与率对企业出口量的促进作用主要通过加工贸易来实现；城市劳动参与率对不同企业的影响作用有所差异，表现为资本密集型企业、本土企业以及生产率较低的企业的出口会受到城市劳动参与率更强的促进作用。徐元国等（2017）选取中国31个省市2000~2014年的统计数据建立固定效应回归模型，将人口结构各因素对地区出口优势的影响及区域间存在的差异进行实证分析，研究结果表明，人口结构对地区出口优势具有显著影响。铁瑛等（2019）使用三年人口普查数据，构建城市层面人口结构指标，研究人口结构变动对企业出口的影响和作用机制，作者认为城市劳动人口比的上升或抚养比的下降能够显著促进企业出口。从作用机制上来看，人口结构对出口的影响随着最低工资的上升和人力资本的提升而不断弱化。

近年来，学者从人口老龄化对劳动力要素所具备的技能施加的影响出发，将劳动力技能分为年龄增值型和年龄贬值型技能，前者可包含写作或口头表达能力等，后者可包含注意力、协调能力、反应速度等。人口年龄结构老龄化可以从数量和质量两方面对年龄依赖型技能产生影响，进而影响一国的贸易。Cai和Stoyanov（2016）研究指出，人口老龄化将降低年龄贬值型技能的供给，从而减少一国密集使用此类技能产品的产出，这与传统 H-O 理论预测的国际分工模式一致。另外，当各产业间劳动力并不能充分及时流动时，如果一国老龄化程度越高，那么每个产业内的年龄分布也会存在高龄人口比例不断增加的趋势。对多数工作要求年龄贬值型技能的产业，会由于出现老龄化趋势而带来生产率的下降；而多数工作为年龄升值型的产业的相对生产率则逐渐提高，从而产生比较优势，即人口老龄化会改变所有行业的相对劳动生产率，这与比较优势论的观点是一致的。武康平、张永亮（2018）借鉴 Cai 和 Stoyanov（2016）的研究方法，对年龄依赖型要素对比较优势的影响，提供来自中国的经验证据。结果发现：劳动者同时具备年龄升值型和贬值型两种不同的年龄依赖型要素时，各行业生产中存在生产率效应和技能选择效应之间的权衡取舍，进而出现劳动者就业时的群分型选择，最终使在一国人口老龄化水平的不同发展阶段，两种年龄依赖型要素对出口额的影响方向甚至可以出现逆转。高越、李荣林（2018）基于 Cai 和 Stoyanov（2016）提出的"依赖年龄"的技能，计算中国工业行业层面的该类技能密集度，并使用中国工业行业数据考察老龄化对出口商品结构的影响。研究发现，老龄化有利于"顺年龄认知能力"密集行业的出口，不利于"逆年龄认知能力"和体能密集行业的出口，验证了老龄化也是影响比较优势的因素。老龄化通过提高附加值较高行业的出口，同时减少附加值较低行业的出口，有利于我国出口商品结构的优化。人力资本投资对老龄化的作用会"放大"老龄化对"顺年龄认知能力"密集行业出口的促进作用，同时"减小"对"逆年龄认知能力"和体能密集行业出口的抑制作用。贾晓丹、李煜鑫（2019）研究了人口老龄化对我国要素禀赋和出口结构的影响，发现人口老龄化趋势倒逼出口贸易结构优化，理论和实证分析得到人口老龄化会促进资本密集型商品的出口，人口老龄化压力使企业以高技术替代劳动力生产，倒逼出口贸易结构优化升级。

总体而言，由于中国人口老龄化问题主要在近些年凸显，针对中国人口老龄化与贸易模式的相关研究几乎都在 2010 年以后出现。许多相关问题还有待进一步研究。

三、人口老龄化与经济增长

人口老龄化对经济增长的影响长期以来都是学者关注的问题。国外研究方面，Ramsey（1928）、Solow（1956）、Becker（1960）等均在新古典理论框架下研究了人口变动与经济增长的关系。Malthysian（1978）提出了"马尔萨斯陷阱"，认为人口膨胀将抑制经济增长。Bloom 和 Williamson（1998）指出，人口年龄结构变动会影响劳动年龄人口占总人口比重、劳动年龄人口的参与率和工作时间，从而影响经济的增长。Lindh 和 Malmberg（1999）在包含了人力资本的 Solow 模型中引入了人口年龄结构变量，分析了 1950~1990 年经济合作与发展组织（OECD）国家各年龄组人口比例的变化对经济增长的影响，发现 65 岁以上老年人口占比的增加对经济增长产生了显著的负面影响。Andersson（2001）提出了"年龄结构—人力资本—经济增长"假说，认为人口年龄结构通过人力资本渠道影响经济增长。Golley 和 Tyers（2006）研究指出，充裕的劳动力供给在世界范围内吸引资本流入中国，快速扩张的投资和投资回报率是中国经济实现快速增长的一个重要原因。一些学者从人口老龄化影响劳动生产率的角度研究了老龄化与经济增长之间的关系。例如，Lindh 和 Malmberg（1999）研究指出，人口年龄结构与生产率之间存在峰型关系，即新进入劳动力市场的劳动力生产率较低，随着年龄的增长、经验的积累，其劳动生产率会提高，之后随着年龄的进一步增长，知识老化以及健康状况下降，劳动生产率会停滞或下降。Feyrer（2007）利用 1960~1990 年经济合作与发展组织（OECD）国家数据研究发现，劳动力年龄结构对全要素生产率产生了显著的影响。国内研究方面，王颖、倪超（2014）基于经济收敛理论构建理论模型，以 53 个国家和地区、1960~2009 年的面板数据为样本，分析人口结构转变对经济增长的影响。结果表明，劳动力人口增长与人均 GDP 增长率呈显著的正向关系；而总人口增长、少儿抚养比和人均 GDP 增长率呈显著的负向关系；总体而言，这期间人口转变因素解释了人均 GDP 增长中的 28.3%，其中 20 世纪 80 年代人口转变因素对经济增长贡献最大，达到 53.6%。陆旸、蔡昉（2014）研究指出，从第六次人口普查来看，中国正在经历人口结构的转变，这与 20 世纪 90 年代初的日本非常相似。作者分别对中国 1980~2030 年和日本 1960~2010 年的潜在增长率进行了估计，通过对比发现，与日本相似，人口结构变化会导致中国未来的潜在增长率将迅速降低。然而，日本在人口红利消失后仍然坚持采用经济刺激计划试图维持之前的经济增长速度，最终导致经济泡沫不断膨胀并破裂，对实体经济的破坏可能远不止是"失去的十年"。中国应该借鉴日本的教训，避免采用经济刺激方案，人为推高经济增长率。张秀武、赵昕东（2018）建立 OLG 模型利用中国省级面板数据实证分析了人口年龄结构对人力资本积累的影响以及人力资本与经济增长的关系。结果表明：教育人力资本的提高对经济增长有显著的提升作用。健康人力资本的提高对经济增长有显著的抑制作用。虽然老龄化与少子化有利于教育人力资本积累，老龄化也能够提高健康人力资本的积累，但会挤占实物资本和教育人力资本，反而不利于经济的长期增长。王维国等（2019）从生育率与预期寿命两个维度构建了世代交叠模型，探讨了人口年龄结构变动对经济增长的作用机制及其效应。理论模型发现，生育率与预期寿命对经济增长的影响有两种效应：一种是替代效应，另一种是收入效应。这一理论发现在实证研究中得到了验证，生育率的正向收入效应与预期寿命的负向替代效应在发达国家中占据了主导力量，而生育率的负向替代效应与预期寿命的正向收入效应则在发展中国家起决定作用。

　　一些学者也对人口老龄化对产业结构和产业升级的影响进行了研究。鲁志国（2001）从劳动力供给、消费需求、投资资金供给以及技术供给等四个方面进行理论分析，认为人口老龄化将不利于中国产业结构升级。鲁志国、黄赤峰（2003）研究指出，人口老龄化会通过劳动力供给与流动的有限性、老年人需求路径锁定、投资资金供给减少、知识结构老化四个方面来阻碍产业结构升级。胡春林（2011）分析了人口老龄化背景下珠三角地区的产业结构转型问题，认为随着我国人口结构的日益老龄化，劳动力无限供给的局面即将消失，客观上有利于珠三角地区产业结构转型。陈卫民、施美程（2013）指出，1950年以来发达国家的服务业发展与人口老龄化过程是紧密相随的。利用世界发展指标相关数据集（World Development Indicator，WDI）所做的实证分析表明，人口老龄化对发达国家的服务业发展有显著的正向影响。汪伟等（2015）从五个方面总结了人口老龄化引起产业结构转变的理论机制，并构建多维产业升级指标对中国1993~2013年的分省份面板数据进行了实证研究。结果显示，人口老龄化不仅促进了中国第一、第二、第三产业间结构的优化，还推动了制造业与服务业内部技术结构的优化。根据他们的研究，人口老龄化主要通过增加消费需求、加快人力资本积累和"倒逼"企业用资本和技术替代劳动来应对劳动力成本上升，促进了产业结构升级，同时也通过降低劳动生产率，对产业结构升级造成了一定的负面影响。孙永强、颜燕（2015）基于中国31个省市2002~2011年的面板数据，采用SYS-GMM估计方法对产业升级以及与此相伴随的人口结构转变对城乡居民收入差距影响进行了考察，研究发现，产业升级、人口抚养比的上升以及劳动年龄人口比重的下降将扩大城乡居民收入差距。尽管增强城乡劳动力流动将有助于缩小城乡居民收入差距，但人口抚养比的提高以及相应的劳动年龄人口比重的下降将伴随城乡劳动力流动性的增强扩大了城乡居民收入差距。而产业升级将伴随人口扶养比的提高和城乡劳动力流动的增强进一步扩大城乡居民收入差距。刘成坤、赵昕东（2018）采用1998~2016年中国省级层面的面板数据，建立动态面板模型并采用广义矩估计方法实证分析人口老龄化对产业结构升级的影响，结果表明：无论是差分广义矩估计，还是系统广义矩估计，均显示人口老龄化会显著推动产业结构升级，但国有化程度和外商直接投资水平均不利于产业结构升级；人口老龄化对各区域产业结构升级的影响存在显著差异，人口老龄化仅对西部和东北地区会产生显著的正向影响，但对东部和中部地区的影响不显著，且对东北地区的影响程度大于西部地区。陶良虎、石逸飞（2018）选取中国1995~2015年分省份的面板数据，基于中介效应视角研究人口老龄化对中国东、中、西部地区产业结构升级的影响及其差异。实证结果表明，尽管人口老龄化对三个地区产业结构升级都有直接的促进作用，但加入老年消费需求、人力资本积累水平、劳动力禀赋、劳动生产率等中介变量后，各个地区人口老龄化对产业结构升级的中介效应存在明显差异：东部地区中介净效应为正，有利于产业结构升级；中、西部地区中介净效应为负，阻碍产业结构升级。刘成坤、赵昕东（2019）基于1999~2016年我国省际面板数据，构建中介效应模型检验了人口老龄化通过何种中介变量影响制造业结构升级。结果表明，人口老龄化一方面通过降低劳动力供给、提高劳动力成本这一路径倒逼制造业结构升级，另一方面也通过增加教育回报使得家庭主动提高人力资本积累水平进而推动制造业结构升级。

第三节　人口老龄化、人力资本影响
国际贸易的相关文献

在人口老龄化背景下人力资本影响贸易模式的作用机制是怎样的？有学者指出，人口老龄化通过出生率下降和储蓄率提高两条路径对人力资本水平施加影响（刘永平、陆铭，2008；Lee & Mason，2010）。然而老龄化与人力资本共同作用下对贸易模式的影响如何仍是未知数。一个主要原因是以往针对人口老龄化的研究多采用基于微观主体需求视角的OLG模型，无法与供给视角的人力资本指标相结合。近年来，少数学者在OLG的一般均衡框架下将人口老龄化指标引入贸易模型（Sayna，2005；Naito & Zhao，2009；Yakita，2012），这为研究人力资本分布、人口老龄化对贸易模式的影响提供了理论基础与研究视角：在OLG框架下建立存在人力资本分布异质性的多国多部门贸易模型，并引入人口老龄化指标，尝试为人口老龄化背景下人力资本分布影响贸易模式的作用机制做出解释。

一、人口老龄化与人力资本关系的相关研究

(一) 国外相关文献

关于人口老龄化与人力资本之间的关系，现有国外文献的研究结论分为两类：

一类研究认为，人口老龄化对人力资本产生了负面影响。Miller（1996）认为，随着人口老龄化的加剧，投票决策人口中老龄人口比例的增加，使资源更多地流向养老类项目进而削弱政府财政对公共教育的投入，从而不利于人力资本投资。Poterba（1997）研究表明，老年人口占总人口的比例每增加1%，人均教育支出会减少大概0.3个百分点，即人口老龄化对人力资本积累产生了负面的挤出效应。Zhang和Lee（2003）分析了人口老龄化与人力资本投资之间的关系，发现死亡率与公共教育投资之间存在倒U形关系。当死亡率较低时，人力资本投资的正向储蓄效应强于人口老龄化的人力资本降低效应。当死亡率进一步下降时，两种效应的力量对比将逆转，从而不利于人力资本积累。也有学者指出，人口老龄化对人力资本的负面影响受到考察地区范围大小的影响。Harris等（2001）采用美国街道层面的面板数据分析了人口老龄化对公共教育支出的影响，发现人口老龄化的确对教育支出有负面影响，但这种影响要显著小于Poterba（1997）使用各州层面数据的估计结果。

另一类研究则持相反观点认为，人口老龄化促进了人力资本积累。Fougere和Merette（1999）建立内生增长模型模拟了OECD国家1954~2050年人口老龄化对经济增长的影响，发现人口老龄化会给后代带来更多的人力资本投资机会并促进经济增长，从而缓解老龄化对人均产出的负面影响。根据他们的研究，人口老龄化促进人力资本投资的途径主要包括以下两个方面：一是随着物质资本收入的下降，未来工资收入的现值将提高，从而促使人们减少物质资本投资，增加人力资本投资；二是由于养老金全都来源于工资收入税，人口老龄化将在初期引起工资收入税率上升，税后收入下降，但从长期来看，税率将回归到最初水平。工资收入税率的变化使得不同代际间投资内容发生变化，使得年轻人口增加人力资本投资，中间人口增加劳动供给。Bloom和Canning（2001）认为，平均寿命延长会提高储蓄率和资本存量，从而增加物质资本和人力资本。Pecchenino和Pollard（2002）研究了人口老龄化背景下政府如何平衡财政支出中的社会保障支出与公共教育支出。作者认为政府应降低养老金工资替代率，同时提高教育税率，通过增加教育资源促进经济增长提高福利水平。Bloom 等（2003）研究认为，人口红利期内，人口年龄结构变动对人力资本的积累有显著的正面影响，家庭中孩子的数量下降使平均每个孩子得到的教育投入增加，虽然教育的增加会使人口较晚进入劳动力市场，但他们的生产力水平更高，使社会整体的劳动生产率水平提高，从而提高劳动者的收入和生活水平。Cipriani 和 Makris（2006）建立世代更迭模型研究证实预期寿命与个体人力资本投资之间存在相互促进关系。他们认为高级人力资本能够提高人们的预期寿命，而预期寿命的提高反过来将促进个体增加人力资本投资。Cipriani 和 Makris（2014）建立内生增长的 OLG 模型，从预期寿命的角度出发研究认为，预期寿命和人力资本投资之间存在相互促进关系。

（二）国内相关文献

国内研究方面，郭剑雄（2005）在研究人力资本、生育率和城乡收入差距的关系时指出，较长的预期寿命会激励人们接受更多的教育，进而增加人力资本积累。刘永平、陆铭（2008）在代际模型的基础上引入了家庭养儿防老和死亡遗赠的机制，探讨了计划生育政策的放松与家庭的储蓄、教育和经济增长的相互关系。作者发现，在家庭养老经济下，计划生育政策的放松并不必然导致经济增长，具体取决于老年抚养比、资本产出弹性、少儿抚养比以及维持后代生存的必需照顾时间等参数设定。在计划生育政策下，家庭储蓄率与少儿抚养比无关，但少儿抚养率同家庭教育投资率成反比。郭震威和齐险峰（2008）认为，中国的老龄化程度在快速推进的同时劳动力人口的健康水平和受教育程度也有了较大幅度的提高，因此老龄化有可能在一定程度上促进了人力资本的积累。毛毅和冯根福（2012）构造了一个两期世代交叠模型来研究老年人口相对于青壮年人口的增加对家庭教育投资以及经济增长的影响。他们认为，人口年龄结构变动与教育支出占可支配收入的比重呈负相关关系，但会使父母增加对子女的教育投资。瞿凌云（2013）从人口数量与质量替代效应视角出发研究在中国家庭养儿防老和计划生育对生育率约束的背景下，人口老龄化对经济增长的影响，认为低生育率尽管会加剧人口老龄化，但会促进人均教育投资和人力资本积累。王云多（2014）将劳动供给和人力资本投资决策视为内生变量建立动态世代交叠模型，模拟研究显示，短期内人口老龄化为年轻人提供了更多人力资本投资机会，导致劳动供给减少，产出水平下降，人口老龄化的经济成本增加。但在长期内人口老龄化为社会提供更多的熟练劳动力，提高劳动参与率和产出水平，降低了人口老龄化的经济成本。汪伟（2017）通过构建一个考虑双向代际转移的三期世代交替模型讨论了人口老龄化如何影响中国家庭的储蓄、人力资本投资决策与经济增长，并对当前的生育政策调整的经济影响进行了模拟与政策评价。研究发现，在当今中国的现实参数下，人口老龄化已经对家庭储蓄、人力资本投资与经济增长产生负面影响；提高向老年一代的代际转移比率不但无法应对人口老龄化，反而会使家庭储蓄率、教育投资率以及经济增长率大幅下降；放松计划生育政策后，如果生育率不出现大幅度反弹，将有利于经济增长。刘建国、孙勤英（2018）基于生命周期理论，围绕人口老龄化、生育率变动与人力资本投资之间的关系，构建三期世代交叠模型，从理论层面分析了人口老龄化如何影响中国家庭的储蓄、消费、健康和教育人力资本投资决策，并选取 1997~2016 年中国 30 个省级面板数据进行实证分析和计量检验。经验研究发现：生育率的下降会使家庭增加对孩子的教育和健康人力资本投资，且人口老龄化的加速并不会降低家庭对孩子的教育和健康人力资本投资。刘文、张琪（2017）利用个体固定效应模型，对中日韩三国 1971~2013 年的面板数据进行研究，分析人口老龄化与人力资本投资的关系以及各国人口老龄化对人力资本投资的影响程度，发现三国的拟合图形呈现倒 U 形，即人口老龄化对人力资本投资影响先正后负，转折的临界点在 10% 左右。当跨过临界点后，随着老龄化水平的不断加深，人力资本投资减少的速度将加快，当老龄化水平达到 30% 时，老龄化水平每提高 1%，人力资本投资水平就会减少 1%。张秀武、赵昕东（2018）利用 OLG 模型分析了人口年龄结构对人力资本积累的影响，然后使用 1997~2014 年省级面板数据，实证研究了人口年龄结构对人力资本积累的影响以及人力资本与经济增长的关系。作者认为，老龄化与少子化有利于教育人力资本积累，老龄化也能够提高健康人力资本的积累，但是会挤占实物资本和教育人力资本。高春亮（2020）使用我国城市层面数据实证研究发现，人力资本的增长贡献超过人口红利，且人口红利和人力资本存在相互叠加共同影响城市经济增长的共振效应。

二、人口老龄化、人力资本共同影响国际贸易的相关研究

前文我们梳理了人口老龄化和人力资本分别作为贸易基础和贸易模式的决定因素影响国际贸易的相关文献。关于人口老龄化、人力资本共同作用下对国际贸易产生的影响相关分析主要是在前述文献的基础上，或者将人口老龄化和人力资本变量同时作为解释变量实证检验两者共同作用下对国际贸易产生的影响，或者将人力资本作为中介变量，探讨人口老龄化通过人力资本这一中介，直接和间接影响人力资本对经济增长和国际贸易的影响。

　　王有鑫（2014）在 Naito 和 Zhao（2009）两阶段 OLG 模型的基础上，同时引入人口出生率和人均预期寿命变量，从理论上探讨了人口老龄化影响出口贸易结构和比较优势的作用机制，认为人口老龄化和少子化程度高的国家在资本密集型商品上具有出口比较优势，而人口老龄化和少子化程度低的国家在劳动密集型商品上具有出口比较优势。人力资本提高会削弱人口老龄化对资本密集型商品出口比较优势的促进作用。一方面，人口老龄化使劳动适龄人口比重降低，劳动力市场面临供给不足的风险；另一方面，人力资本的提高使劳动效率上升，增加了有效劳动的供给，在一定程度上抵消了人口老龄化带来的不利局面。因此，人力资本与人口老龄化两者对要素禀赋的影响方向截然相反，一国人力资本的提高会削弱人口老龄化对资本密集型商品出口比较优势的促进作用。徐元国等（2017）实证分析了开放经济条件下经济增长模型中人口结构变动对出口的影响，剖析人口结构的四个维度对地区出口的影响机理。在此基础上作者利用中国 31 个省市的面板数据实证检验人口结构对地区出口优势的影响。理论分析结论与实证检验结果均显示，劳动力年龄人口、人口教育结构和人口城乡结构均对地区出口优势产生正向影响，而人口性别结构和人口抚养比对地区出口优势具有负向影响。具体地，劳动年龄人口越多、总抚养比越小，地区出口优势则更为明显，人力资本对地区出口优势具有显著的正向影响。也有学者从人口老龄化对劳动力技能的影响出发分析了老龄化对贸易比较优势的作用。人力资本可以体现为劳动力具备的某些技能。Cai 和 Stoyanov（2016）首次考察了人口老龄化对一国劳动力技能的影响，认为人口老龄化将增加一国的年龄增值型技能，减少一国的年龄贬值型技能。人口老龄化将增强一国在密集使用年龄升值型技能的生产产品的比较优势，减弱密集使用年龄贬值型技能生产产品的比较优势。武康平、张永亮（2018）借鉴 Cai 和 Stoyanov（2016）的研究方法，对年龄依赖型要素对比较优势的影响提供了来自中国的经验证据。研究结果显示，人口年龄结构是构成中国比较优势、影响贸易模式的重要因素。铁瑛等（2019）首次使用微观数据并构建城市层面人口结构指标，研究了人口结构变动对企业（城市）出口的影响和作用机制。研究发现，城市劳动人口比的上升或抚养比的下降能够显著促进企业出口。从机制上来看，人口结构对出口的影响随着最低工资的上升和人力资本的提升而不断弱化。占丽（2019）使用 1995~2011 年投入产出（World Input Output Database，WIOD）数据测算了我国行业 GVC 分工地位，并用对应劳动力数据构建了劳动力数量结构与技能结构指数，实证检验了人口结构和人力资本对我国 GVC 分工地位的影响。研究发现，劳动力数量结构对 GVC 地位有显著负面影响；劳动力质量结构对 GVC 地位有显著正面影响。

现有研究对人力资本、人口老龄化影响贸易模式的探讨在不断深入，但针对人口老龄化背景下人力资本影响国际贸易的相关研究仍然比较少见。相关研究仍然有待深入。首先，就理论研究而言，基于内生视角的人力资本影响贸易模式的理论模型仍有待探讨，也需要拓展对人口老龄化与人力资本共同作用下影响贸易模式的理论研究；其次，就实证研究而言，现有文献研究了人力资本影响贸易模式的一般规律，但未讨论不同国家的差异化表现，也缺乏人力资本分布特别是人口老龄化背景下人力资本分布影响贸易模式的经验检验。

本章小结

本章梳理了关于人力资本、人口老龄化与国际贸易之间关系的研究文献，现有研究主要有以下三个特点：一是目前人力资本和国际贸易之间存在的互为因果关系已经在理论和实证上被广泛地研究。一方面，国际贸易通过作用于劳动力市场对一国的人力资本施加影响。国际贸易的技术进步效应被认为是促进人力资本积累的因素，同时国际贸易通过收入分配效应影响一国的人力资本投资和人力资本结构。大量的实证研究从跨国、国别、地区以及微观个体等多个层面证实了国际贸易对人力资本的影响。另一方面，人力资本被认为是一国比较优势的来源和国家间开展贸易的基础。学者从人力资本存量、人力资本分布和人力资本动态变化的视角分析了人力资本对国际贸易的影响。二是人口老龄化同样是国际贸易的影响因素。相关研究指出人口老龄化的推进将对一国的贸易余额和贸易模式产生深远的影响。人口老龄化改变了一个国家或者地区的人口结构，且人口结构的变化通过影响储蓄率或者汇率对经常账户的余额产生影响；人口结构的变化也通过改变一国的要素禀赋进而影响该国的贸易模式、产业结构以及长期的经济增长。三是目前也有一些关于在人口老龄化和人力资本的共同作用下对国际贸易产生影响的研究。人口老龄化在直接作用于国际贸易的同时，又通过对人力资本产生影响间接地作用于国际贸易。有研究认为，人力资本与人口老龄化两者对要素禀赋施加了截然相反的影响。

综观现有文献，我们发现，关于人力资本、人口老龄化与国际贸易的相关研究已经取得了很多成果。未来进一步的研究可以从以下四个领域展开。

第一，关于人力资本与国际贸易之间的互为因果关系已经得到了比较充分的论证，但对人力资本的度量还有待精细化。文献常见使用的教育指标较适用于刻画人力资本存量或总体平均水平，但对于人力资本结构和人力资本的分布，还需要构建更为准确的核算指标和核算方法。

第二，在全球价值链深入发展的背景下，国际贸易的本质已经发生变化，当前以生产任务为导向的国际贸易与人力资本之间的关系还有待进一步探讨，如一国参与全球价值链的分工地位与贸易利得和该国人力资本之间的关系研究等。

第三，与国外文献相比，针对中国的人口老龄化影响国际贸易的研究还比较少见。中国作为人口大国和发展中国家，人口老龄化的迅速加剧对进出口总量、贸易产品结构、贸易利得都将产生深刻的影响，相关课题还需要更为深入的分析。

第四，人口老龄化与人力资本共同作用下对贸易模式的影响如何仍是未知数。一个主要原因是以往针对人口老龄化的研究多采用基于微观主体需求视角的OLG 模型，无法与供给视角的人力资本指标相结合。

近年来，少数学者在 OLG 的一般均衡框架下将人口老龄化指标引入贸易模型（Sayna，2005；Naito & Zhao，2009；Yakita，2012），为进一步研究人力资本分布、人口老龄化对贸易模式的影响提供了理论基础与研究视角。例如，在 OLG框架下建立存在人力资本分布异质性的多国多部门贸易模型，并引入人口老龄化指标，尝试为人口老龄化背景下人力资本分布影响贸易模式的作用机制做出解释。

第三章

人口老龄化对人力资本的影响

广义的人力资本包含知识性人力资本与健康人力资本，知识性人力资本来自教育，医疗服务则形成健康人力资本。本章主要关注知识性人力资本形成即教育情况。本书第二章对研究人口老龄化与人力资本之间关系的已有文献进行了梳理，我们看到当前对人口老龄化影响教育投资的实证研究越来越多的从宏观层面转向微观层面，而针对我国的研究仍以宏观层面的检验为主。为此，本章我们从理论和实证两方面针对人口老龄化对我国家庭教育投资的影响进行分析。首先，分析人口老龄化影响人力资本的理论机制，其次，在此基础上利用微观层面的数据对人口老龄化对我国家庭教育支出的影响进行实证检验。

第一节　文献回顾

一、相关理论文献

关于人口老龄化影响教育支出的理论研究主要沿着两条路径开展：一是探讨人口老龄化对人力资本积累以及长期经济增长的影响。内生增长理论表明，人力资本是经济增长的引擎，人口老龄化引致劳动年龄人口减少，人口红利下降甚至消失，如果能够增加人力资本积累的水平，实现以人力资本红利对人口红利的替代，那么一国仍然能够实现长期经济增长。二是研究基于人力资本投资理论，分析人口老龄化对公共、家庭以及个人教育投资决策的影响，认为人口老龄化的推进将增加一国的公共养老开支，减少一国的公共教育开支进而导致人力资本存量减少，从而对经济增长产生不利影响。目前，相关研究关于人口老龄化对人力资本的影响仍然存在分歧和争议，并形成了两种不同的观点：一种观点认为人口老龄化能够增加人力资本投资，另一种则认为人口老龄化将减少人力资本投资。

已有研究认为人口老龄化会通过储蓄率、公共教育投资等中间变量影响一国的经济增长。Higgins 和 Williamson（1996）认为，高抚养比往往伴随着更高的风险厌恶，人们的投资行为将会更加保守。Bloom 和 Canning（2001）研究发现，人均寿命的延长将提高储蓄率和资本存量，从而增加人力资本积累。Gradstein 和 Kaganovich（2004）建立世代交叠模型研究认为，随着人口老龄化的推进和预期寿命的延长将增加联邦制国家的公共教育投资。Miyazawa（2003）研究指出，由生育率下降导致的人口老龄化不利于人力资本投资，而寿命的延长或死亡率的下降则有利于人力资本投资。Zhang 等（2003）使用世代交叠模型检验了成人死亡率下降对增长的影响及作用渠道，发现成人死亡率与公共教育投资之间存在倒 U 形关系。他们认为在高死亡率开始下降的国家，尽管死亡率的下降能够促进经济增长，但由低死亡率再下降的国家，死亡率下降将使经济增长放缓。Cipriani 等（2006）建立了寿命内生化的世代交替模型，论证了预期寿命与人力资本投资之间存在相互促进关系，他们认为高水平的人均人力资本将提高人们的预期寿命，而预期寿命的提高又将促使人们增加人力资本投资。Tabata（2017）在社会保障系统不完善的前提下建立世代交替模型研究出生率和死亡率的下降对经济增长的影响，理论研究证实，出生率下降对经济增长的影响呈驼峰形，而死亡率下降与经济增长呈正相关关系。在国内研究方面，毛毅和冯根福（2012）通过构造一个两期的世代交叠模型，分析验证了人口年龄结构对家庭教育投资以及经济增长的影响，结论表明，人口年龄结构变动与教育投资率呈负相关关系，但人口老龄化的加剧会促使父母增加其对子女的教育投资。汪伟（2017）通过构建一个考虑双向代际转移的三期世代交替模型讨论了人口老龄化如何影响中国家庭的储蓄、人力资本投资决策与经济增长，并对当前的生育政策调整的经济影响进行了模拟与政策评价。他认为在当今中国的现实参数下，人口老龄化已经对家庭储蓄、人力资本投资与经济增长产生负面影响。王云多（2019）用预期寿命、老年人政治影响力和人口出生率三个因素的变化代表人口老龄化，分析了预期寿命、老年人政治影响力和人口出生率变化对公共财政支出偏向及人力资本增长的影响。研究表明，老年人政治影响力越大，人口出生率越低，预期寿命越长，公共养老金支出占国内生产总值的比重越高，公共教育支出占国内生产总值比重越低，人均人力资本增长也呈下降趋势。

针对人口老龄化影响教育开支的理论文献主要从代际冲突的角度出发探讨人口老龄化的推进对政府对教育财政支出以及家庭教育投资决策的影响。Poterba

（1997、1998）最早对人口结构的变化对公共教育开支的影响进行分析。他指出公共教育支出成为代际冲突的一个焦点，老龄化的推进使老年人口更加不倾向于投资教育。另外，如果增加公共教育开支能够使老年人从中获益，例如，地方政府增加公共教育投入可能对地区的房地产产生增值效应，那么在该地区拥有房产的老年人就可能支持增加教育开支（Poterba，1998；Hilber & Mayer，2009）。Grob 和 Wolter（2005）认为，人口结构从两方面对公共教育开支施加影响：一是老年人口比重的提高会影响政府和社会的教育开支倾向；二是出生率下降导致的学龄儿童数量减少将缓解教育财政支出的压力。Epple（2012）建立世代更迭的理论模型显示，不与子女同住的老年人口倾向于减少公共教育开支在财政支出中所占的比重，而更倾向于增加关于安全和娱乐的财政开支。关于人口老龄化影响家庭人力资本投资决策的文献方面，Becker 等（1990）假定对子女的人力资本水平是父代人力资本投资的线性函数，认为在人力资本超过某一特定值时，宏观经济可以实现高增长率、低生育率和低死亡率的理想状态。Ehrlich 和 Lui（1991）认为个体对于子女质量和数量之间的权衡出于自利的养老动机，此时家庭对子女的教育投资类似于对资本品的投资。随着人口老龄化的推进，个体将增加储蓄和子女数量与教育投资以备将来养老。自 20 世纪 70 年代以来，由于中国实行了人口的计划生育政策，增加孩子的数量不再是可行的养老手段，提高子女的教育投资对家庭变得更为重要了。刘永平、陆铭（2008）在迭代模型的基础上加入了家庭养儿防老的机制，探讨了微观家庭的消费、储蓄、后代教育投资决策与经济增长的相互关系，模型的分析表明，在养儿防老机制和生育控制情况下，高储蓄往往伴随着高的教育投入。随着老龄化程度的增加，后代的教育投资量和投资率也将增加。从宏观层面上来看，工资收入比重的增加、人均资本装备率的提高都将增加对后代的教育投入，这同中国目前的高储蓄、高教育投入的现状是吻合的。

二、相关实证文献

针对人口老龄化、公共教育投资与经济增长问题的实证研究方面，刘穷志、何奇（2013）建立一个拓展的交叠世代模型研究发现，当人口老龄化对经济增长起到促进作用时，均衡增长政策是增加财政支出规模并加大健康保障支出，反之则是减少财政支出规模并加大公共教育支出。他们认为，人口老龄化对中国经济增长的影响正在从积极转向消极。因此，中国应当逐步降低财政支出规模，并将更多的财政资金分配到公共教育领域。柳如眉、赫国胜（2018）建立了一个简化的 OLG 模型，对 2015~2050 年中日韩三国的养老金均衡进行模拟并对老年抚养比、养老金替代率、退休年龄等参数对养老金均衡的影响进行实证分析，发现养老金结构与参量改革有助于养老金的长期收支均衡，应在中长期对养老金进行结构调整和参数优化的综合配套改革；养老金结构与参量改革既要考虑其对养老金长期均衡的影响，还要考虑其对私人储蓄、收入再分配和劳动力市场等方面的影响，减少改革对经济增长的副作用。王维国等（2019）从生育率与预期寿命两个维度构建了世代交叠模型，探讨了人口年龄结构变动对经济增长的作用机制及其效应。理论模型发现，生育率与预期寿命对经济增长的影响有两种效应：一种是替代效应，另一种是收入效应。对于经济发展水平高的发达国家而言，生育率的下降和预期寿命的延长阻碍了经济增长，这正好与多数发展中国家的情形相反。

在发达国家，随着老年人口的不断增加，其政治影响力也日渐提升，为此政府会将财政开支更多地投入到医疗、保险等直接受益于老年人口的领域，并减少对教育等主要使年轻人受益的领域的支出。教育支出成为代际冲突的一个焦点。Poterba（1997，1998）指出，由于很难在理论上证实老龄化社会里的中间选民对于义务教育开支的态度，人口老龄化对人力资本投资的影响实际上是一个需要通过实证研究来回答的问题。为此，Poterba（1997）利用 1961~1991 年的美国州际数据研究了人口结构变化（65 岁以上人口占比）与各州每个小学生的平均公共教育开支之间的关系，研究结果发现，在 65 岁以上人口占比更高的那些州，小学生的人均教育开支显著地降低。Hoxby（1998）实证研究了美国人均收入对小学生人均教育开支的影响。他使用 1900~1990 年美国街道层面的数据实证研究发现，1900~1950 年人均收入对教育开支的影响增强，1950~1990 年人均收入对教育开支的影响减弱。对此，Poterba（1998）认为，其中一个原因是家庭结构在不同的年代发生了变化。越来越多的老年人选择不与子女同住。Harris 等（2001）指出，随着人口老龄化的推进，人们对公共教育支出的支持程度会不断下降，这是因为老年人口认为公共教育开支只会使得有学龄儿童的家庭受益，老龄化可能使一国的公共资源从教育转向其他方面。他们使用美国街道层面数据发现老龄化对公共教育开支有轻微的负面影响，同时证实了使用州级数据得到老龄化对公共教育开支有显著负面影响。Grob 和 Wolter（2005）在分析了人口结构影响教育开支的两个作用渠道的基础上，使用瑞典 1990~2002 年数据研究发现，教育体系对于学龄人口数量的变化缺乏弹性，老年人口占比的提高显著地降低了对公共教育的投资意愿。Ohtak 和 Sano（2009，2010）使用日本地级市数据研究发现，1990 年以前老龄化与义务教育之间正相关，而 1990 年以后转为负相关。

他们认为家庭结构的变化无法解释这一变化，地方教育财政体系的改革是一个原因。刘文、张琪（2017）利用个体固定效应模型，对中日韩三国 1971~2013 年的面板数据进行研究，分析人口老龄化与人力资本投资的关系以及各国人口老龄化对人力资本投资的影响程度，发现三国的拟合图形呈现倒 U 形，即人口老龄化对人力资本投资影响先正后负，中国、韩国和日本分别处于倒 U 形的上升阶段、平稳阶段及下降阶段。日韩两国人口老龄化对公共教育支出发展呈现近似倒 U 形的趋势验证了公共资源存在代际竞争的结论。

近年来实证研究的一个趋势是使用微观数据对人口老龄化对教育投资的影响进行实证检验。尽管使用宏观层面的老年人口占比和义务教育开支数据可以间接印证人口老龄化与教育开支之间的联系，但是确认两者之间存在因果关系是很困难的，而问卷调查可以更为直接地反映老年人对公共教育开支的态度（Brunner & Balsdon，2004）。为此，Brunner 和 Balsdon（2004）使用问卷调查数据考察了加州老年人对公共教育的态度，研究发现，没有子女的老年人反对增加州内公共教育开支。他们认为公共教育支出对房价的影响以及代际利他主义都是解释这一现象的原因。Cattaneo 和 Wolter（2009）使用瑞典选民的问卷调查数据研究发现，老年人口更加不倾向于投资教育，他们更倾向于将公共资源投入到健康或者社会安全等领域。Saito（2017）使用问卷调查获取的日本微观数据，研究了老龄化对公共教育开支的影响，实证结果显示，不与子女家庭同住的老年人倾向于不支持公共教育开支。即使不与子女同住，拥有更多房地产的老年人也会因为教育投入引致的房产增值效应而支持教育开支。

当然，也有少数学者得到了不同的结论。例如，Ladd 和 Murray（1999）认为，已有研究使用州级数据可能会夸大老龄化对教育开支的影响。为此他们使用美国县级层面 1972 年、1982 年、1992 年三年的数据检验了人口老龄化对公共教育开支的影响，实证结果显示两者之间没有显著关系。Kurban（2015）在重新测算了美国人口结构变化趋势的基础上，研究发现，人口老龄化能够增加美国小学生的平均教育开支。

现有针对人口老龄化影响人力资本投资的国外文献已经相当充分。多数研究证实人口老龄化对政府的教育财政开支具有负面影响，近年来一些研究开始利用问卷调查等微观数据更为直观地揭示了老年人对于投资公共教育的态度。在国内研究方面，由于学界对我国人口结构变化相关课题的研究总体上晚于国外学者，相关研究还处于起步阶段，因此已有文献以针对人口老龄化、人力资本投资与经济增长的关系的分析为主。据本书作者所知，目前国内还没有使用微观数据分析人口老龄化影响家庭人力资本投资的实证文献，相关研究还有待补充和完善。为此，本章接下来在分析人口老龄化影响个体家庭人力资本投资理论机制的基础上，利用我国居民收入调查数据提供家庭层面数据，对人口老龄化、代际联系与家庭教育开支之间的关系展开经验分析。

第二节　人口老龄化影响家庭人力资本投资的理论机制

家庭或个体对子女的教育投资决策受到父辈的养老动机影响，特别是在我国这样具有家庭养老传统的国家，养老动机会对父代的生育选择和子女的教育投资产生深远的影响。鉴于子女的数量和质量之间存在替代关系（Beckr, et al., 1960），父代可以选择通过增加子女数量或通过教育投资增加子女质量来养老。对于我国而言，由于在很长一段时间内实行计划生育政策，增加孩子的数量不再是可行的养老手段，于是提高子女的教育投资变得更为重要（刘永平、陆铭，2008）。此外，如果父代是利他的，那么即使不出于养老动机也可能增加家庭对子女的教育投资。例如，我国家庭具有利他性儒家文化传统，父母对子女的培养常常不计回报（汪伟，2010）。也就是说，对于我国的家庭而言，无论出于"养儿防老"动机还是利他动机，父母都会较为看重孩子的质量，教育投资构成了家庭开支的重要组成部分。

当前的成年子女家庭常常面临着"上有老、下有小"的状况，计划生育的长期执行使这种"三明治"家庭更为普遍。这种类型家庭的成年子女面临着养育未成年子女和赡养父母的双重责任。赡养老年父母与子女教育投资之间的关系可能出现负向的代际竞争效应或正向的代际支持效应。

一、人口老龄化影响家庭教育投资的代际竞争效应

随着人口老龄化的推进，家庭的养老负担加重。随着老年人口比重的不断提高，老年抚养比也不断增加，这意味着更少的劳动年龄人口需要供养更多的老年人口。养老负担的加重在国家和家庭层面上均可能对教育人力资本投资产生不利影响。

从国家层面上来看，随着人口老龄化的推进，老年人在总人口中所占比重不断增加，老年选民的政治影响力也日渐提升，如果老年人口认为增加公共教育开

支只会使有学龄子女的家庭受益，对他们自身没有好处，这将造成选民对公共教育支出的支持程度不断下降从而改变政府和社会的教育支出倾向，即人口老龄化可能使一国的公共资源从教育领域转向其他直接受益于老年人口的领域，例如，医疗、保险、治安等。从家庭层面上来看，特别是在有家庭养老传统的国家里，老年人口的增加和寿命的延长将增加成年子女家庭的养老负担。例如，我国长期实施计划生育政策的一个结果是社会上存在大量的"421"结构家庭，这类家庭需要赡养的老年人的数量远远高于年轻人的数量，这使得家庭养老功能的实现越来越困难，家庭养老负担加剧。老龄化的推进还会带来医疗、照料等费用的急剧上升。因此，人口老龄化的推进大大增加了我国家庭内部的代际负担。虽然老年父母和成年子女在互惠的期望下可能互相满足对方的需要。但现有研究发现，与自理能力较好的老年人相比，养老资本匮乏且年老体弱的父母更可能喜欢与成年子女同住（约翰罗根、边馥芹，2003）。不断增加的家庭养老负担将导致向年轻一代投入的教育资源下降，从而形成老龄化对家庭教育资源的挤占效应。汪伟（2016）指出，在当今中国的现实参数下，提高向老年一代的代际转移比率不但无法应对人口老龄化，反而会使家庭储蓄率、教育投资率以及经济增长率大幅下降。刘文、张琪（2017）认为，日韩两国的人口老龄化对公共教育支出发展呈现近似倒 U 形的趋势验证了教育资源存在着代际竞争。

二、人口老龄化影响家庭教育投资的代际支持效应

老年父母可能在子女成年甚至成家后依然对其提供多方面的帮助。从生命历程的角度来看，父母对孩子经济和非经济帮助持续时间很长，直到父母健康状况下降，父母转向他们的孩子寻求帮助（Fingerman & Birditt, 2009）。如果成年子女从父代获得的代际支持大于赡养父母的养老开支，更多的老年人意味着人口老龄化可以促进成年子女增加家庭的教育开支。老年父母对成年子女提供支持的意愿以及对教育开支的态度受到代际联系强度的影响。与成年子女具有紧密代际联系的老年人通常更加愿意在经济、精神、家庭事务等方面为子女提供代际间支持。Lin 和 Pei（2016）发现，父母对子女的投资与家庭赡养支出并无显著关系，而与代际亲密程度显著正相关。大量研究表明，同住或者住所距离较近的老年父母与成年子女间的代际联系更为紧密，代际的帮助和支持更多也更加容易（Campbell & Martin-Matthews, 2000; Hank, 2007; Leopold, 2012; Saito, 2017）。Poterba（1998）指出，美国的老年人口越来越少与成年子女共同或者临近居住可能是 1900~1990 年美国人口老龄化对公共教育开支的影响由正转负的原因。基

于问卷调查的实证研究表明，与有子女的老年人相比，无子女的美国老年人更为反对增加公共教育开支（Bunner，2004）。和与子女共同居住的老年人相比，不与子女公共同住的日本老年人更不支持义务教育投资（Saito，2017）。在中国，父母与成年子女不住在一起但保持很强的代际关系已经成为城市家庭喜好的居住方式（Unger，1993）。来自父母的支持将减轻成年子女的生活负担和育儿成本，从而有利于家庭增加孩子的教育开支。成年子女与父代的代际关系纽带越强，越有可能在经济或非经济上获得父代的帮助。此外，如果存在正的代际外部性，或者老年人是利他的并且能够从长远的角度对子女教育做决策，那么人口老龄化也有可能增加家庭教育开支。

　　人口老龄化是影响家庭人力资本投资的重要因素，且人口老龄化对家庭人力资本投资的影响受到老年人与成年子女间代际强度的影响：一方面，与子女间较强的代际联系可能增加成年子女赡养父母的养老负担从而挤占家庭对未成年子女的人力资本投资，产生代际竞争效应；另一方面，较强的代际联系也可能使成年子女获得更多来自老年人的支持，从而更有条件增加对未成年子女的人力资本投资，从而产生正向的代际支持效应。那么，人口老龄化对我国家庭人力资本投资究竟产生了什么样的影响？接下来我们利用我国微观家庭层面的数据进行实证检验。

第三节　人口老龄化影响家庭人力资本投资的实证检验

一、计量模型、指标选取与数据说明

　　本节建立计量模型，利用我国微观个体层面的数据检验人口老龄化、代际强度与人力资本投资之间的联系。首先将实证模型设定如下：

$$eduratio_{ij} = \alpha + \beta distance_i + \partial E_i + \gamma P_i + \delta C_i + \lambda_j + \varepsilon_{ij} \qquad (3\text{-}1)$$

其中，下标 i 表示个体家庭，$eduratio_i$ 表示 16 岁以下子女的教育开支占家庭 i 年收入的比重。家庭总收入由家庭成员的年工资性收入与自营性收入加总得到。教育开支包括家庭中在校子女的年校内费用、校外辅导班费用以及赞助费、择校费和借读费。$distance_i$ 表示老年人住所与成年子女家庭住所之间的距离，用以度量老年人与成年子女家庭的代际联系强度。按照距离由近及远，如果老年人与成年子女家庭居住在同一社区，$distance_i$ 取值为 6；如果老年人与成年子女家庭居住在同一城市的其他社区，取值为 5；如果老年人与成年子女家庭居住在同一省份但不同城市，取值为 4；如果老年人与成年子女家庭居住在不同省份，取值为 3；如果老年人居住在农村，取值为 2；如果老年人的住所为其他（如国外等），取值为 1。如果距离的估计系数 β 显著为正，意味着与老年人较强的代际联系能够增加成年子女家庭的教育开支；如果显著为负，就表明与老年人的代际联系越强，成年子女家庭的教育开支占比越低。此外，已有研究表明，与和配偶共同居住的老年人相比，独居的老年人更加不支持义务教育（Saito，2017）。因此，我们在模型中加入老年人居住状况变量 E_i，如果老年人与配偶共同居住（包括仅与配偶共同居住和与配偶及成年子女共同居住）的取值为 1，其他居住状况取值为 0。

老年人对成年子女家庭的教育投资决策受到成年子女家庭以及家庭中未成年子女特征差异的影响。因此我们在回归模型中加入控制变量 P_i 和 C_i 以控制成年子女家庭、家庭中未成年子女的特征。鉴于家庭教育开支主要受到收入水平以及家庭成员对教育态度的影响，因此我们控制的家庭特征变量主要包括家庭中的家长，即成年子女及其配偶的受教育程度①、工作年限、健康状况、婚姻状况等。受教育程度高的家长收入水平通常高于受教育程度低的家长且前者可能更加重视教育。工作年限较长、健康状况良好的家长收入水平通常更高。与单亲家庭和非城市户口家庭相比，双亲家庭的收入可能更高。在未成年子女方面，选取家庭中未成年子女的人数、性别、年龄、就读学校性质以及学校教学质量等特征变量进行控制。其中，子女就读于公立学校取值为 1，就读于私立学校取值为 0；就读学校质量为本市最好或较好取值为 1，否则为 0。同时，我们也在模型中加入了城市固定效应，以控制家庭所在城市的经济发展水平差异对教育投入占比的影响。由于模型以家庭为单位进行回归，所有的个体特征变量均应以家庭为单位。为此，我们进行了如下处理：对成年子女及其配偶的受教育程度和工作年限取平均值；成年子女与配偶的健康状况均为良好或非常好的取值为 1，否则取值为 0，成年子女与配偶为已婚或再婚状态取值为 1，离婚或丧偶状态取值为 0；成年子女与配偶均为城市户口取值为 1，否则为 0。对于少数多子女家庭，对未成年子女的年龄取平均值；如果家庭中有 1 个或以上的男孩，性别取值为 1，否则为 0；

① 成年子女与老年人的受教育程度使用代码表示：1 为未上过学、2 为扫盲班、3 为小学、4 为初中、5 为高中、6 为中专、7 为大学专科、8 为大学本科、9 为研究生。

如果家庭中有一个或以上未成年子女就读于公立学校取值为1，否则为0；如果家庭中有一个或以上未成年子女就读学校的质量为本市最好或较好取值为1，否则为0。

我们使用的数据来自中国家庭收入调查数据（China Household Income Survey，CHIP）。该数据库收集了1988年、1995年、2002年、2007年和2013年的收入及家庭和个人信息。我们使用的是2007年的城镇家庭住户数据，主要是基于目前仅有2007年数据提供了关于成年子女父母居住情况的相关信息。中国家庭收入调查（CHIP）2007数据来自国家统计局的常规住户调查大样本库，包含了5000个城镇家庭的收入和就业等信息。根据系统抽样方法抽取得到样本，这些家庭覆盖了我国17个省份（直辖市、自治区）。我们根据家庭编码将未成年子女的教育数据、老年人数据与家庭数据进行匹配，并选取老年人健在且年龄大于或等于60岁，成年子女家庭中有至少一个6~16岁的学龄儿童，并剔除相关个体特征变量的缺失值，最终得到个体样本3056个，家庭样本899个（如表3-1所示）。

表3-1　统计描述

变量	样本量	平均值	标准差	最小值	最大值
教育支出占比	899	0.0926	0.1192	0.0006	0.8545
代际联系强度	899	4.5962	1.2735	1	6
成年子女健康状况	899	0.6829	0.4655	0	1
成年子女工作年限	899	12.5952	7.7363	0	44
成年子女婚姻状况	899	0.9966	0.0577	0	1
家庭子女人数	899	1.2469	0.6832	1	7
在校儿童年龄	899	11.0522	3.0519	6	16
在校儿童性别	899	0.5517	0.4975	0	1
学校性质	899	0.9299	0.2554	0	1
学校质量	899	0.6985	0.4591	0	1
老年人居住状况	899	0.7041	0.4566	0	1

二、计量结果分析

（一）OLS回归结果分析

表3-2显示了估计结果，为了保证回归结果的稳健性，我们使用逐步加入控制变量的方法进行回归。在加入控制变量的过程中，代际联系强度的估计系数始终在5%水平上显著为正，表明老年人与成年子女家庭间较强的代际联系能够显著地提升义务教育支出占家庭总收入的比重。如前文所述，老年人与成年子女家庭之间代际联系的强度可能通过影响养老负担和老年人对成年子女家庭经济与非经济上的支持而对家庭的义务教育支出产生影响，回归结果表明，我国城镇老年人与成年子女家庭间居住距离越近，越有利于老年人为成年子女家庭提供支持和帮助，从而有利于成年子女家庭将更多的收入用于义务教育。随着人口老龄化的推进，我国人口中老年人口所占比重越来越高，作为有着家庭养老传统的国家，不断增加的老年人口无疑给成年子女家庭带来了更大的养老压力。与此同时，老年人在经济、家庭事务甚至精神上给成年子女提供支持也非常普遍。模型的估计结果表明，我国城镇老年人与成年子女家庭间较强的代际联系显著地提升了家庭中在校儿童的义务教育开支占家庭总收入的比重。

为了进一步考察老年人居住状况对家庭人力资本投资的影响，表3-2第（2）列显示了加入居住状况虚拟变量后的回归结果，老年人居住状况的估计系数显著为负，表明与和配偶共同居住的老年人相比，不与配偶共同居住的老年父母不利于增加成年子女家庭的义务教育支出占比。Saito（2017）指出，与和配偶共同居住的老年人相比，独自居住的老年人与子女一代的互动更少，出于利他主义原因支持子女家庭教育开支的概率更小。我们的估计结果得到了类似的结论。一个可能的解释是：与和配偶共同居住的老人相比，不与配偶共同居住的老人可能对成年子女在经济和非经济上的支持较少，从而不利于成年子女家庭增加教育开支。

在控制变量方面，成年子女健康状况的估计系数为负且在1%水平上显著，表明家庭中成年子女良好的健康状况有利于增加家庭收入水平从而减少义务教育支出占总收入的比重。工作年限变量的估计系数显著为正：一方面，工作年限较长的劳动者收入水平可能更高；另一方面，工作年限较长的劳动者也更为年长，其在校子女的年龄普遍更大，而高学历高年限的教育开支往往更高。婚姻状况的估计系数没有通过显著性检验，表明成年子女与配偶的婚姻状况并未对家庭的义务教育支出比重产生显著影响。在校子女特征变量方面，在校儿童年龄的估计系数显著为正，这意味着随着在校儿童年级和学历的提高，家庭义务教育开支占比也逐渐提高。由于考察样本中超过83%的家庭仅有一个孩子，家庭子女人数对教育开支的影响并不显著，同样地，在校儿童性别也没有对义务教育开支占比产生显著影响。在校儿童所在学校性质和质量均显著地影响着家庭教育开支占比。其中，学校性质变量的估计系数在1%水平上显著为负，这主要是由于与私立学校相比，就读公立学校的教育开支更少，占家庭总收入的比重也更低。质量好的学校比质量差的学校教育开支更高，因此，学校质量变量的估计系数显著为正。

表3-2 回归结果

变量	（1）	（2）	（3）	（4）	（5）	（6）
代际联系强度	0.0076**	0.0077**	0.0071**	0.0069**	0.0059*	0.0062**
	（0.0032）	（0.0032）	（0.0032）	（0.0032）	（0.0032）	（0.0032）
老年人居住状况		-0.0221***	-0.0216**	-0.0224***	-0.0198**	-0.0205**
		（0.0086）	（0.0085）	（0.0086）	（0.0086）	（0.0085）
成年子女健康状况			-0.0295***	-0.0292***	-0.0289***	-0.0315***
			（0.0084）	（0.0085）	（0.0084）	（0.0085）
成年子女工作年限			0.0015***	0.0014***	0.0011**	0.0010*
			（0.0005）	（0.0005）	（0.0005）	（0.0005）
成年子女婚姻状况				0.0028	0.0112	0.0113
				（0.0672）	（0.0670）	（0.0665）
家庭子女人数				-0.0061	-0.0044	-0.0046
				（0.0058）	（0.0058）	（0.0058）
在校儿童性别					-0.0098	-0.0091
					（0.0078）	（0.0077）
在校儿童年龄					0.0044***	0.0043***
					（0.0013）	（0.0013）
学校性质						-0.0470***
						（0.0150）
学校质量						0.0165*
						（0.0086）
常数项	0.0817***	0.0961***	0.0942***	0.1006	0.0523	0.0863
	（0.0202）	（0.0209）	（0.0214）	（0.0699）	（0.0719）	（0.0732）

续表

变量	(1)	(2)	(3)	(4)	(5)	(6)
城市固定效应	有	有	有	有	有	有
样本量	899	899	899	899	899	899
R^2	0.0780	0.0849	0.1060	0.1071	0.1198	0.1338

注: $*$ 、 $**$ 、 $***$ 分别表示在10%、5%、1%的水平上显著,括号内为标准误。

(二) 稳健性检验

OLS 回归结果的可靠性取决于假设解释变量是外生的,即老年人与成年子女家庭的代际联系情况是外生于成年子女家庭的。然而,与老年父母的代际强度显然是一个内生选择的过程,与成年子女家庭的众多特征以及一些无法直接观测的因素相关。这一选择过程可能使与老年人具备强代际联系的成年子女家庭与不具备此种联系的成年子女家庭间存在系统性的差异,从而导致 OLS 估计结果有偏。克服这一问题的方法通常包括工具变量(IV)和其他一些非参数估计方法,本书使用倾向性评分匹配法(PSM)。

首先将样本分为与老年人在同一城市居住的强代际联系组和不与老年人在同一城市居住的弱代际联系组,前者为培训组(Treated Group),后者为控制组(Control Group)。我们关注的是与控制组相比,具备强代际联系的成年子女家庭在对孩子教育开支上获得的平均"培训"效果(Average Treatment Effect on the Treated,ATT)。即:

$$ATT = E(Y_{i1} - Y_{i0} \mid distance_i = 1) \tag{3-2}$$

其中,ATT 表示与老年父母有强代际联系对成年子女家庭孩子教育开支获取的平均效果。Y_{i1} 表示该成年子女家庭对孩子教育的开支占家庭收入的比重,Y_{i0} 表示一个虚拟变量,表示假如与老年人没有强代际联系时,该成年子女家庭对孩子教育的开支占家庭收入的比重。ATT 即为 Y_{i1} 与 Y_{i0} 之间的平均差异。PSM 方法的关键在于构造合适的 Y_{i0} 。为此,使用 Logit 模型估计成年子女家庭 i 与老年人有强代际联系的概率 $P(Z_i) = Pr(distance_i = 1 \mid Z_i)$ 。其中,Z_i 表示一系列对代际联系强度有显著预测作用的可观测因素构成的向量。通过将概率 $P(Z_i)$ 最相似的培训组与控制组进行匹配,形成一组具有强代际联系概率相似但并无强代际联系的成年子女家庭,即找到了虚拟值 Y_{i0} 。

根据数据可得性、已有文献和经济学常识,选取代际强度的潜在影响因素包括老年人平均年龄、健康状况、受教育水平、退休前工作情况、成年子女平均工作年限、成年子女家庭孩子数量等变量。其中，老年人健康状况为好或非常好的取值为 1，其他为 0；老年人接受了初中及以上教育取值为 1，否则为 0；老年人退休前的工作为高技能工作岗位①的取值为 1，否则为 0。表 3-3 估计结果显示，选取的协变量除了年龄以外都是显著影响老年人与成年子女家庭之间代际强度的因素。其中，老年人健康的估计系数显著为负，表明与健康状况较好的老年人相比，健康状况较差的老年人更倾向于与成年子女家庭近距离居住。老年人受教育水平与工作性质的估计系数均显著为正，显示接受了更多的教育、从事高技能劳动力的老年人与成年子女家庭的代际联系更紧密。成年子女平均工作年限的估计系数为正，通常工作越久工资收入也越高，即高收入的成年子女家庭与老年人的代际联系更强。成年子女家庭孩子数量的估计系数显著为负的原因可能是随着孩子数量的增加，成年子女的家庭负担也越重，从而不利于与老年父母间建立强代际联系。

表 3-3　倾向性评分估计结果

老年人平均年龄	0.0041
	(0.0072)
老年人健康状况	−0.2574 ***
	(0.0968)
老年人受教育水平	0.2809 ***
	(0.0965)
老年人工作性质	0.1752 *
	(0.1055)
成年子女平均工作年限	0.0437 ***
	(0.0061)
成年子女家庭孩子数量	−0.2329 ***
	(0.0565)
观测值	899
chi^2	418.09
Prob. > chi^2	0.0000
Pseudo R^2	0.1135

注：*、***分别表示在 10%、1%的水平上显著，括号内为标准误。

———————————

① 将专业技术人员、干部或企事业单位负责人视为高技能劳动者，其他职业则视为低技能劳动者。

　　为了监看根据倾向性评分匹配的质量，我们进行匹配平衡检验。我们使用文献中常用的最近邻域匹配方法，由表 3-4 估计结果可见，匹配后各协变量的均值大致相等，t 检验值都在 0.1 以上，表明有强代际联系组与无强代际联系组在老年人平均年龄、健康状况、受教育水平、工作性质、成年子女平均工作年限以及成年子女家庭孩子数量上均无显著差异，匹配的质量较好。匹配的有效性还取决于共同支持条件，即检验培训组与控制组共同支持域的重叠程度（Heckman et al.，1998）。由图 3-1 可知，培训组（Treated）与控制组（Untreated）的倾向性评分分布具有较高的重叠程度，较好地满足了共同支持条件。

表 3-4　匹配平衡检验

变量	均值		t 检验	
	培训组	控制组	t	p>｜t｜
老年人平均年龄	68.955	69.031	-0.40	0.691
老年人健康状况	0.2608	0.2494	0.87	0.39
老年人受教育水平	0.6137	0.6245	-0.74	0.46
老年人工作性质	0.3144	0.3373	-1.61	0.11
成年子女平均工作年限	13.128	12.444	3.06	0.01
成年子女家庭孩子数量	1.2394	1.2305	0.45	0.65

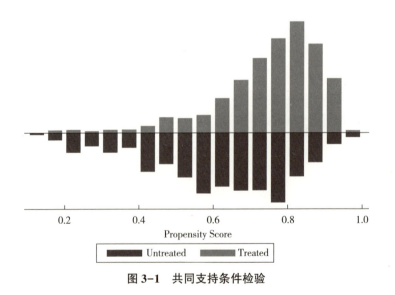

图 3-1　共同支持条件检验

表3-5显示了基于最近邻域和Kernel两种匹配方法的估计结果，即具有强代际联系对成年子女家庭教育开支占比的平均培训效果。与老年人具有强代际联系的成年子女家庭和产生强代际联系的概率相似但不具有强代际联系的成年子女家庭相比，具有强代际联系显著提升了成年子女家庭的教育开支占比，且估计系数在1%水平上显著，从而证实了OLS回归结果的可靠性。

表3-5 ATT结果

因变量	匹配方法	样本类型	ATT	标准差	t值
家庭教育支出占比	最近邻域匹配	匹配	0.0301	0.0087	3.44***
家庭教育支出占比	Kernel匹配	匹配	0.0278	0.0059	5.95***

注：***表示在1%的水平上显著。

本章小结

本章首先结合已有文献分析了人口老龄化影响人力资本投资的理论机制，在此基础上，我们使用微观个体层面的数据创新性地考察了人口老龄化对家庭教育开支的影响。在控制了成年子女家庭和子女特征、学龄子女的所在学校特征以及所在城市的基础上，实证结果显示，老年人与成年子女家庭间的代际联系是影响家庭义务教育开支占比的因素，表现为老年人与成年子女家庭的居住距离越近，成年子女家庭的教育开支占家庭收入的比重越高。此外，与同配偶共同居住的老年人相比，不与配偶共同居住的老年父母不利于增加成年子女家庭的义务教育支出占比。

在当前生育率持续走低、医疗健康水平不断提高、死亡率不断下降的情况下，通过加大教育投资提高人力资本积累是减少人口老龄化对经济增长不利影响的有效方式。作为人口大国，我国在很长一段时间中能够保持经济高速增长在很大程度得益于"人口红利"。随着人口数量红利的逐渐消失，人口质量红利有望成为支持经济发展的新动力。结合本章的研究结论，想要提高人力资本水平，政府和有关部门可以考虑从以下两个方面着手：一是完善社会保障制度，减轻家庭养老负担，从而减少养老负担与家庭教育开支之间的代际竞争效应对人力资本积

累的不利影响。为此，我国应加快养老制度的改革，鼓励社会、企业、家庭共同养老。二是增加教育投入。人口老龄化对于我国不同区域不同家庭的影响不同，农村地区和低收入家庭老龄化可能对教育投资产生显著的不利影响。因此，我国政府和有关部门应加强对农村和贫困落后地区的教育投资，或通过提供助学贷款和学杂费减免等方式帮扶有关群体，提高其教育水平。对于经济发达的城镇地区的教育投资应更加侧重于高等教育机构和职业教育机构，以促进人力资本结构的高级化和多样性。

第四章

人力资本对国际贸易的影响

第一节 人力资本影响经济和贸易发展的理论基础

一、人力资本影响经济增长的理论依据

内生增长理论认为，人力资本积累是经济增长的源泉（Lucas，1988）。Schults（1960）指出，在影响经济发展诸多因素中，人的因素是最关键的，经济发展主要取决于人的质量的提高。当前已有大量文献从理论和实证方面对人力资本与经济增长的关系进行了研究。人力资本促进经济增长的路径主要包含两个方面：一方面，将人力资本视为在生产过程中与物质资本与劳动力相协调，直接作用于经济增长。在其他条件相同的情况下，人力资本存量较大的国家或地区有可能在长时期内保持相对较高的经济增速。人力资本是影响地区经济差距长期趋势的因素（李亚玲，2006）。另一方面，人力资本被视为技术进步的决定因素，人力资本通过创新知识（技术）和加速技术的吸收与扩散促进技术进步，进而促进经济增长（Romer，1986，1990）。技术进步可以通过一国自身的技术创新获得，也可以通过技术外溢获得，技术外溢主要通过国际投资和贸易实现（Coe & Helpman，1995）。人力资本同时决定着一国或地区的技术创新能力以及技术追赶和技术扩散速度（邹薇、代谦，2003）。

为考察人力资本影响经济增长的作用机制，首先需要设定生产函数。将生产函数设为以下形式：

$$Y_{it} = A_{it} K_{it}^{\alpha} L_{it}^{\beta} H_{it}^{\gamma} \tag{4-1}$$

其中，下标 i 表示省级单位，t 表示年份（$t>0$），Y 表示总产出，A 表示内

生技术水平，K、L 和 H 分别表示物质资本存量、劳动人口数和人力资本存量，α、β 和 γ 分别表示物质资本、劳动人口和人力资本的产出弹性（$0 < \alpha$, β, $\gamma <$ 1）。根据生产函数，一省总产出由技术水平、物质资本、劳动人口和人力资本共同决定。人力资本作为生产要素直接作用于总产出，人力资本积累速度的差异将导致不同的经济增长率。

人力资本不仅作为生产产品的要素投入直接作用于经济增长，也作为技术进步的关键投入品间接作用于经济增长。新增长理论将内生技术进步视为长期经济增长的关键，人力资本作为技术进步内生化的载体，主要从三个方面对技术进步产生影响：一是人力资本通过其外部效应外部性直接促进技术创新的产生；二是人力资本水平决定了先进技术在实际生产中的使用效率（Lucas，1988）；三是由于不同质类型的人力资本间无法实现完全替代，技术进步的类型受到人力资本构成的影响（Caselli & Coleman，2006）。因此，可将内生技术进步视为人力资本的函数，即 $A_{it} = A_{it}(H_{it})$。技术进步按照来源可以划分为自主技术创新和对先进的技术模仿和学习。根据 Nelson 和 Phelps（1966）与 Benhabib 和 Spiegel（1994）等的研究，内生技术函数可以表述为：

$$A_{it}(H_{it}) = \delta\Phi(H_{it})A_{i0} + \mu H_{it}(\overline{A_0} - A_{i0}) \tag{4-2}$$

其中，等式右侧第一项表示技术创新，$\Phi(H_{it})$ 为 i 省 t 年内生的技术创新能力，是人力资本的函数，δ 表示技术创新的影响系数；右侧第二项表示技术模仿，$\overline{A_0}$ 表示基年的技术前沿，即最先进国家的技术水平，只要一省与最先进国家的技术水平存在差距（$\overline{A_0} > A_{i0}$），就存在获得技术扩散效应的空间，技术差距越大，可供一省进行模仿和学习的机会就越多，而技术模仿能力的大小取决于各省的人力资本水平。μ 是技术模仿的影响系数。根据式（4-2）可以得到技术进步率的表达式（4-3）和近似表达式（4-4）如下：

$$\frac{A_{it}}{A_{i0}} = \delta\Phi(H_{it}) + \mu H_{it}\left(\frac{\overline{A_0}}{A_{i0}} - 1\right) \tag{4-3}$$

$$\log A_{it} - \log A_{i0} = \delta\Phi(H_{it}) + \mu H_{it}\left(\frac{\overline{A_0}}{A_{i0}} - 1\right) \tag{4-4}$$

由式（4-4）可知，技术进步率由技术创新和技术模仿能力共同决定，人力资本同时是技术创新和技术模仿的决定性因素。为此，在实际测算中，在表达式中加入以贸易指标作为权重的加权系数 m 来区分各省获得技术扩散效应的差异。

将式（4-1）两端取对数差分并将式（4-4）代入得到：

$$\log(Y_{it+1}/Y_{it}) = \delta\Phi(H_{it}) + \mu H_{it}\, m_{it}\, (\,\overline{y_t}/y_{it} - 1\,) + \alpha\log(H_{it+1}/H_{it}) +$$
$$\beta\log(L_{it+1}/L_{it}) + \gamma\log(K_{it+1}/K_{it})$$

$$(4-5)$$

其中，右侧第一项和第二项表示人力资本分别通过技术创新和技术模仿作用于技术进步，从而对经济增长产生影响，即人力资本对经济增长的间接作用机制；右侧第三项表示人力资本作为生产要素，其存量的增加使总产出增加，这是人力资本对经济增长的直接作用机制。人力资本影响经济增长的作用机制可能是直接机制与间接机制共同作用的结果（杜伟等，2014）。

二、人力资本影响国际贸易的理论基础

长期以来，中国出口部门利用丰裕的劳动力等低成本要素优势积极参与国际分工生产，实现了国际贸易的迅猛发展。中国的出口贸易额排名由 1980 年的全球第 26 位上升至 2012 年的全球第一位并保持至今。然而，中国的出口部门总体上研发能力薄弱，缺乏关键技术和知名品牌，国际贸易的增长主要基于改革开放初期国内充足的劳动力供给，资本和技术水平相对不足。这种发展方式在改革开放初期具有一定的合理性和必要性，也确实为我国的经济增长做出了重要贡献。当前，伴随全球价值链的深入发展，经济全球化与国际分工体系已出现了重大变化。发达国家利用技术优势占据全球价值链的高端，大力发展电子、生物、新能源等具有高附加值的制造业部门，发展中国家积极参与全球价值链分工体系，一些国家以比中国更为低廉的劳动力、土地等要素努力承接中低端制造业部门转移。随着人口老龄化的加剧，人口红利逐步消失，如何创造新的比较优势向全球价值链的高端攀升成为中国当前面临的重要问题。想要迈向全球价值链的中高端，需要积累和培育更多高端生产要素，人力资本的数量和质量直接决定着一国的技术和效率，能够对价值链的提升起到显著的促进作用（耿晔强、白力芳，2019）。学者研究指出，人力资本存量以及分布的变化对一国的贸易模式和国际分工地位产生了深远的影响。我们分别从传统国际贸易理论和内生增长理论两个方面来分析人力资本对国际贸易的影响。

一方面，一国的人力资本存量决定着技术进步水平。内生增长理论指出，内生技术进步影响着一国的比较优势，而一国吸收和采用先进技术的能力与该国的人力资本存量密切相关（Romer，1986，1990；Barro，1991）。而技术进步是提升

一国技术水平和国际分工地位的决定性因素。发达国家能够创造和使用先进技术是与国内高质量的劳动要素匹配的（Lucas，1988；Keller，1996；Acemoglu，1998）。发展中国家往往缺少创新活动所必需的人力资本、企业家精神等高端生产要素，想要提升技术水平必须通过积累高端要素实现要素结构优化升级（林毅夫，2003；张小蒂，2013；Beaudreau，2016；许岩、尹希果，2017），因为相对较高的人力资本存量有助于新技术的获取（Keller，1996）。

另一方面，传统国际贸易理论中的比较优势论与要素禀赋论均阐述了人力资本存量、分布以及人力资本动态积累对一国贸易模式、分工地位的影响。古典贸易理论中的比较优势论论证了两国在生产产品机会成本上的相对差异是开展互惠贸易的基础。基于比较优势论的视角，学者研究指出，比较优势产生的原因可以是人力资本分布的差异（Grossman & Maggi，2000）。在多数情况下，人力资本分布的差异而非人力资本存量决定着一国的贸易模式（Bougheas & Riezman，2003）。具体地，人力资本分布较集中的国家将出口技术互补性强的制造业产品，人力资本分布分散的国家将出口技术互补性较弱的行业产品（Bombardini，2012；Asuyama，2012；Chang & Huang，2014）。从技术匹配视角，学者指出，技术能力的形成需要与之匹配的人力资本分布，且人力资本分布的差异是劳动生产率存在差异的重要原因，从而对一国贸易模式产生影响（Nelson & Phelps，1966；Benhabib & Spiegel，1994，2005；Acemoglu & Zilibotti，2001）。此外，不同发展阶段的技术水平也需要与之匹配的人力资本分布（Caselli & Coleman，2006）。基于要素禀赋理论，一国应生产并出口密集使用本国丰裕要素的产品，同时进口在生产中密集使用本国稀缺要素的产品。国家间要素禀赋的差异构成了开展贸易的基础。假定两国拥有相同的技术且自身拥有的资本总量和劳动力总和均完全相同，两国间唯一的差异在于人力资本存量的不同，那么一国的贸易模式主要由其人力资本存量决定（Ishikawa，1996；Frias et al.，2000）。也就是说，人力资本相对丰富的国家将出口人力资本密集型商品（Bouheas & Riezman，2005，2007）。

三、人力资本度量方法

（一）基于成本的方法

亚当·斯密认为，人的技能等人力资本需要花费大量的劳动和时间，这些劳动和时间即为人力资本投资。本质上，人力资本投资与物质资本投资并无区别。然而，人力资本价值的测算与物质资本价值的测算存在着明显的不同之处。首先，物质资本的增加表现为外在的资本品数量的增多，而人力资本的增加体现在个人内在的能力、体力、智力等方面的改进上，这些改进的度量更为困难和复杂。其次，对于物质资本而言，投资和消费之间有着清晰的界限，投资是非消费。人力资本的投资和消费往往相互交织，以至于难以准确计量人力资本的实际支出情况。再次，物质资本的价值可以较为容易通过货币进行量化，而人力资本在货币利益之外还常常具备非货币利益，例如，教育能够提高人的健康水平，提升个人对文学、音乐等的鉴赏能力等。此外，物质资本投资体现在各种生产设备、机器、厂房等实物上，而人力资本由于蕴含于人本身，其投资形式具有更加广泛的多样性。

Engle（1883）是第一个提出并应用成本方法度量人力资本投资的经济学家。该方法的核心思想是：人力资本的价值等于花费于对人的一切支出的总和。他认为 26 岁是一个人成年和独立的标志，因此他把养育一个小孩从出生到 25 周岁的总养育成本视为人力资本。Schultz（1961）从成本的角度定义人力资本，认为人力资本是体现在劳动者身上的一种资本类型，它以劳动者的数量和质量，即劳动者的知识程度、技术水平、工作能力以及健康状况来表示，人力资本投资是这些方面价值的总和。人力资本投资的形式至少可以包括以下四个方面。

第一，健康投资。健康投资是指通过对医疗、卫生、营养、保健等项目进行投资来维持、恢复或者提高个人的健康水平。

第二，正规教育投资。正规教育投资是指付出一定的成本支出来获取各类学校系统里的初等、中等、高等文化、知识和教育的机会。正规教育投资是人力资本投资的核心组成部分。接受正规教育通过改善接受教育者的技能水平从而提升其人力资本水平。此外，正规教育还有助于接受教育者通过学习先进文明的观点形成良好的道德品质。正规教育投资的成本支出可以分为直接成本和间接成本两大类。其中，直接成本是指接受正规教育者为接受教育而支付的全部学费、杂费、书本费、住宿费等花费；间接成本是指接受正规教育者由于选择接受教育而放弃了直接进入劳动力市场就业机会造成的收入损失，因此间接成本也叫作正规教育投资的机会成本。

第三，职业培训投资。职业培训又叫非正规教育投资，是指在正式学校以外由企业或其他机构为了提高生产效率、掌握新的技术而提供的教育与培训。Becker（1964）指出，随着劳动者在工作中积累更多的经验，在职培训是收入大幅增加的重要原因。

第四，人力迁移投资。人力迁移投资是指通过花费一定的成本支出来实现人口与劳动力在地域间或产业间的迁移与流动，变更就业机会，以便更好地满足人们自身的偏好,创造更高的收入(张凤林,2011)。人力迁移的过程同时也是人力资本重新配置的过程,通常人力迁移投资可以改善人力资本配置的效率。然而,Schultz 并没有细致地阐述如何完整的基于投资成本度量人力资本。

事实上,基于成本度量人力资本存量的方法存在较多的不足。首先,由于人力资本的投入和产出之间没有必然的联系,人力资本的价值应该由需求而非花费的成本决定。使用成本方法估算的人力资本存量可能不具有准确性和稳健性。Le 等(2003)指出,一个天生体弱多病的小孩的养育成本将高于一个健康小孩的养育成本,这使前者的人力资本被高估而后者被低估。其次,对于人力资本投资的成分应如何界定缺乏一致性。Engle 将养育一个小孩从出生到 25 周岁的总养育成本视为人力资本,而 Kendrick(1976)将养育一个小孩从出生到 14 周岁的总养育成本视为人力资本。再次,使用成本方法估算人力资本时,需采用与物质资本相同的永续盘存方法。使用永续盘存法时折旧率的设定较难确定,而使用不同的折旧率估算得到的结果存在着很大的差别。

(二) 基于收入的方法

收入法又叫劳动者报酬法,是指使用劳动者的劳动收入来体现劳动者身上所蕴含的人力资本的一种方法,其中包括当前收入法与未来收入法两种主要方法。其中,当前收入法是指通过各种人力资本水平的劳动者的收入的差异来度量人力资本水平。更为普遍使用的则是未来收入法。未来收入法将人力资本存量等同于未来总收益的现值。对于劳动者个体而言,人力资本存量等于个体在其整个生命周期中收入流的净现值。Jorgenson 和 Fraumeni(1989)从收入的角度定义人力资本,认为人力资本的定义基于对实物投资与对人投资的相似性,两者的共同点在于当前的开支将在未来产生收益。他们因此将美国所有人口的终生劳动收入的折现值来定义人力资本。

使用终生收入方法度量人力资本的优点在于该方法能够较为全面反映身体健康、教育投入等在长时间内对人力资本积累的重要作用。Jorgenson 和 Fraumeni(1989,1992)首先将美国人口按照性别、年龄、教育程度进行分类。他们假定所有个体在 75 岁退休,那么对于一个 74 岁的人来说,其毕生收入的贴现值应该等于其当前收入;对于一个 73 岁的人来说,其毕生收入的贴现值应该等于其 74 岁的毕生收入的贴现值加上其当前的劳动收入,以此类推,可以得到从收入角度度量人力资本存量的公式如下:

$$i_{y, s, a, e} = yi_{y, s, a, e} + sr_{y, s, a+1, t+1} \times i_{y, s, a+1, e} \times \frac{1 + G}{1 + R} \tag{4-6}$$

其中，i 表示预期终生劳动收入，下标 y、s、a、e 分别表示年份、性别、年龄和教育水平；$yi_{y,s,a,e}$ 表示性别为 s、年龄为 a、教育水平为 e 的个体 y 年的收入，sr 表示个体的存活率，即其多生存一年的概率；G 表示实际收入增长率，R 表示折旧率。

基于收入角度的一个国家的人力资本存量等于该国总人口的预期未来终生收入，即个人预期未来终生收入 $i_{y,s,a,e}$ 与总人口数 $L_{y,s,a,e}$ 的乘积：

$$I_{(y)} = \sum_s \sum_a \sum_e i_{y,s,a,e} \times L_{y,s,a,e} \tag{4-7}$$

基于收入的方法一个主要优点在于该方法不必考虑折旧率，从而能够得到人力资本存量更为一致的估计结果。由于人力资本受到多种因素的影响，如劳动力市场上的供给和需求状况等，基于收入的方法根据市场价格来度量人力资本存量从而包含了劳动力市场因素。此外，基于收入的方法已被世界主要发达国家所采用，有利于实现人力资本的国别比较，且数据和变量相对容易获得（李海峥等，2014）。基于收入的方法也存在一些缺陷。首先，该方法度量人力资本的准确性建立在劳动收入差别真实反映劳动生产率差别的基础上。实际上，造成劳动收入差别的原因可能是多种多样的，例如，劳动力政策、劳动力市场结构性失调、工资刚性等。这使基于收入的人力资本度量方法在不同国家人力资本水平比较方面的适用性较好，而对于一国内部不同地区和个体的人力资本度量的有效性一般。其次，由于没有考虑同一性别、年龄和教育程度的个体在个人能力上的差异，基于收入的方法测算的人力资本存量可能存在能力偏误，且该方法还忽略了非正规教育的作用。最后，尽管该方法已经被主要发达国家采用，但许多发展中国家的收入数据仍然不易获取，使方法的适用范围受到限制。

（三）基于替代指标的方法

基于替代指标的方法是指用人力资本的组成部分中的某一项重要的变量指标替代人力资本的整体指标。由于舒尔茨等学者在衡量人力资本时对教育的重视，以及基于成本和收益的度量方法测算的困难，学者选择多种反映教育水平以及个人能力的指标作为替代。因此，经济合作与发展组织和联合国教科文组织等国际机构也在国家层面上建立了相关指标的数据库。

1. 基于教育的替代指标

（1）成人识字率。新增长理论在分析人力资本对经济增长的作用时度量人力资本的一个常用指标是成人识字率。1994 年经济合作与发展组织（OECD）开展了"国际成人识字能力调查"（International Adult Literacy Survey，IALS），先后对 22 个国家和地区的成年人的读写能力和计算能力进行了调查。从名称中可见，该评估侧重的是成人的识字和读写能力。经济合作与发展组织（OECD）认为，读写能力已经不再仅仅是基础的识字、阅读，而是每一个独立的个体能够在社会中运用可能获得的读写信息谋得生存和发展。国际成人识字能力调查中的识字率被细分为文字、资料和数学三个方面。成人识字率是指成人识字人数与总成人人数的比例（通常是指 15 岁及以上人口中识字人数的比例）。该指标能够反映人力资本投资中最为基础的部分，但忽略了基本识字能力以上的其他教育投入，如中等、高等教育、职业培训等。使用成人识字率指标度量人力资本相当于假定各国在基础教育投资以外的投资没有差异，这显然与事实不符。

（2）入学率。入学率是指某一年龄段人口中在校学生人数与该年龄段总人口数之比。入学率标志着各适龄人口中相对应的教育普及程度。在实际统计时，通常使用学年初适龄人口中在校学生人数在学年初适龄人口数中所占比重来衡量。根据这一统计方法，入学率指标统计的入学学生并不是当前劳动力的组成部分，因此他们获得的人力资本投资并未应用于生产活动。这意味着使用该指标度量的人力资本与同一时期的劳动人口所具有的人力资本之间存在差异，实际的人力资本存量是入学率反映人力资本的滞后值。因此，入学率指标只能作为人力资本存量一个较为粗略的度量指标。

（3）学历人口和总教育年限。使用学历人口作为人力资本存量的替代指标主要是用高中（大专或大学）以上学历人口在总劳动人口中的比例来反映劳动力的受教育情况。在发达国家，通常将具有大学及以上学历的人口视为高技能劳动人口，在发展中国家则将具有高中及以上学历的人口视为高技能劳动人口，即将一个国家拥有的高级人力资本人口视为高技能劳动人口。总教育年限指标考察了劳动人口获取正式教育的总量，通常使用各级教育水平劳动力人口与其累计教育年数乘积的总和来度量。总教育年限指标的优点在于在度量教育年限的时候考虑了劳动力数量因素，缺点是该指标无法反映劳动人口的教育质量，当某一教育水平的劳动人口增加或减少时，总教育年限也将随着提高或降低。

（4）平均受教育年限。成人识字率指标不能较好地估计人力资本存量。当前广泛使用的度量人力资本的指标是平均受教育年限。平均受教育年限计算的常用方法是将各级学历教育的年限与对应获取该教育程度的劳动人口在全部就业人口中所占的比重作为权重加权。例如，为计算中国的平均受教育年限，设定不同教育水平就业人口的受教育年限为：文盲或识字很少为 0 年、小学为 6 年、初中为 9 年、高中为 12 年、大专及以上为 16 年。劳动力人口平均受教育年限的计算公式为：$H = primary \times 6 + junior \times 9 + senior \times 12 + college \times 16$，其中，primary、junior、senior 和 college 分别为小学、初中、高中和大专及以上教育程度就业人口在全部劳动人口中所占份额。成人识字率和入学率指标都无法度量人力资本存量，而平均受教育年限指标由于反映了现有劳动人口接受教育的平均水平，从而能够反映人力资本的存量。

2. 基于能力的替代指标

（1）OECD 的能力评估。从微观个体的角度出发，个人能力也是度量人力资本的一个重要指标。前文的成人识字率其实也可以视为对个人能力的度量。事实上，为了更好地度量个人能力，经济合作与发展组织（OECD）在国际成人识字能力调查项目的基础上，于 2002 年又推出了"成人读写与生活技能调查"（Adult Literacy and Life Skills Survey，ALL）这一评估项目。该项目在保留成人识字能力调查项目对读写能力测评的基础上，去掉了对数字读写能力的测评并进一步增加了算术能力和问题解决能力的测评。其中，算术能力强调的是个人在不同情境下的数学计算水平，问题解决能力考察的是个人的思维能力和采取行动的能力。ALL 项目先后对 12 个国家的成年人读写、计算和独立解决问题的能力进行了评估。随着科学技术的发展，计算机等电子通信设备的普及使得运用高科技解决问题成为个人必需的能力。为此，2007 年经合组织进一步开发了针对个人技能的综合性测评，即"国际成人技能评估项目"（Program for the International Assessment of Adult Competencies，PIAAC）。该项目考察的能力即测评的核心内容为成年人的读写能力、算术能力以及在高科技情境中解决问题的能力。其中，在高科技情境中解决问题的能力主要考察了个人对软件的应用以及解决相关问题的能力。

（2）TIMSS 国际科学与数学评测。青少年作为一国劳动力市场上的人力资本储备，对其能力的考察是衡量一国人力资本的重要方面。国际教育成就评价协会（International Association for the Evaluation of Educational Achievement，IEA）组织发起的国际数学和科学趋势测评（Trends in International Mathematics and Science Study）是目前全球参与国家最多、影响最广的国际学生学业评估项目。国际数学和科学趋势测评（TIMSS）通过测试和调查问卷两种方式对 4 年级（7~8 岁）和 8 年级（13~14 岁）两个年龄段学生数学和科学两门课程的学习情况进行调查。在此基础上，为了深入了解学生学业成就差异背后隐含的关键原因，国际数学和科学趋势测评（TIMSS）还利用问卷调查，从家庭环境、学校资源和风气、教师配备和课堂教学等方面分析了各国学生学业表现的影响因素。

国际数学和科学趋势测评（TIMSS）作为人力资本替代指标的一个优点是该

指标能够在一定程度上反映参与评测国家的人力资本分布情况。在国家层面上，绝大多数人力资本度量方法测算的都是一国人力资本的存量或人均值，而人力资本存量或人均值相近的国家可能在经济发展水平和贸易模式上存在很大差异。这主要是因为各国的人力资本分布情况存在着很大的不同。人力资本分布结构是指人力资本总量在一个社会不同人群间的分配状况，它说明人力资本分布的不平等性；而内部结构是指构成人力资本总量的各层次或各类人力资本形式的构成比例关系。如果一项资产，例如，物质资本，在一个竞争性的环境中可以跨企业自由贸易，它的边际产量将会通过自由市场机制均等化，结果，它对产出的贡献就不会受它在企业或个人之间分配方式的影响；而如果一项资产不是完全可交易的，那么，这项资产对不同人的边际产量就不会均等化，在这种情况下，总生产函数不仅取决于资产的平均水平而且取决于它的分配结构。因为教育和技能仅是部分可交易的，只考虑受教育的平均水平就不足以反映一个国家人力资本的特征（李亚玲等，2006）。例如，亚洲发展中国家的学校课程设置具有高度标准化的特点，通过这些课程学习培养出来的劳动力身上附加的人力资本具有较高的同质性，人力资本分布较为集中；而一些发达国家的学校课程设计更为灵活多样，使得学生具备的人力资本具有更高的异质性，人力资本分布更加分散。Bougheas 和 Riezman（2003）指出，多数情况下，人力资本分布的差异而非人力资本存量决定着一国的贸易模式。具体地，人力资本分布较集中的国家将出口技术互补性强的制造业产品，人力资本分布分散的国家将出口技术互补性较弱的行业产品（Bombardini，2012；Asuyama，2012；Chang & Huang，2014）。

综上所述，人力资本度量的替代指标通常能够从一个侧面度量人力资本，方法较为简单，数据容易获取。但该方法的不足也是显而易见的，由于人力资本包含了多项内容，教育等某一个替代指标是无法完全概括人力资本的，这使替代指标测算的人力资本水平往往与实际水平之间存在较大偏差。

第二节　人力资本影响贸易模式的实证分析

一、相关文献

将人力资本禀赋纳入要素禀赋理论框架，学者研究认为一国的贸易模式与其人力资本水平密切相关。在其他条件相同的情况下，两国开展国际贸易的基础是人力资本的差异。在自由贸易条件下，人力资本禀赋存量相对更高的国家将出口人力资本密集型产品（Ishikawa，1996；Corvers & Grip，1997；Bouheas & Riezman，2005，2007）。内生增长理论将技术进步视为经济增长的长期动力，各国的比较优势同样受到技术进步的影响，而内生技术进步能力由人力资本水平直接决定。因此，具有先进技术的国家在高科技产品的生产上具有比较优势（Lucas，1988；Keller，1996；Acemoglu，1998）。

国内学者也对人力资本对贸易模式的影响进行了分析。许和连、介朋、祝树金（2006）在 CH 模型的基础上，纳入了人力资本变量，构建了包含人力资本与国外研发共同作用项的进口贸易技术扩散测度模型，并利用我国和 15 个 OECD 国家 1990~2004 年的数据，运用不同的人力资本度量指标对进口贸易技术扩散效应进行了检验。实证结果表明，通过进口贸易传导机制，国外研发的溢出对我国技术进步产生了显著的促进作用，但由于存在人力资本的临界效应，我国人力资本与国外研发溢出还没有很好地结合。冯晓玲、赵放（2009）论述了美国通过加大 R&D 投入，不断增加人力资本积累，才使更多的发明创新涌现，从而实现产业结构和贸易结构的优化。张若雪（2010）利用省级面板数据证实了人力资本投资对技术进步的促进作用，认为中国产业结构水平较低、升级缓慢的根本原因是我国劳动力绝对数量较大和相对素质较差。许培源（2012）建立了一个理论框架，认为初始人力资本禀赋决定着贸易分工，人力资本相对积累率决定着分工模式的演变和创新能力的消长，从而决定着长期增长率。张小蒂、姚瑶（2012）通过借鉴人力资本的尼尔森—菲尔普斯作用机制和卢卡斯作用机制，将企业家人力资本纳入两类不同生产函数的分析框架中，可应用随机前沿生产函数模型和 CD 生产函数模型来考察企业家人力资本拓展对比较优势增进的影响。研究发现，企业家人力资本的拓展可推动市场规模的显著扩大，而后者又能促进前者的进一步拓展，两者的良性互动有利于中国实现比较优势的动态内生性增进。姚瑶、赵英军（2015）基于全球价值链分工的研究框架，认为人力资本是中国国内要素禀赋结构转换的重要因素，也是摆脱当前贸易规模和获利能力"错配"的关键。李静、楠玉（2017）指出，在完成了资本原始积累后，一国如果能够鼓励采取偏向本国稀缺要素的技术进步，就可以跨越"比较优势陷阱"并实现出口结构升级。

已有文献对人力资本影响贸易模式的研究已经较为充分，但相关实证分析多为国别分析，较少使用跨国数据进行实证回归。此外，针对人力资本影响贸易模式的研究集中在对人力资本通过技术进步这一渠道影响比较优势，直接针对人力资本与贸易模式之间关系的实证研究仍然比较少见。为此，本节我们在已有文献的基础上，收集多国面板数据对人力资本与贸易模式之间的关系进行实证检验。

二、模型、变量与数据

根据要素禀赋理论，一国人力资本存量的增加有利于该国出口更多的人力资本密集型产品。通常，资本、技术密集型产品在生产过程中需要较多的高技能劳动力，属于人力资本密集型产品。相比而言，劳动力密集型产品的附加值更低，能够给出口国带来的贸易利得较为有限。我们可以认为当一国的贸易模式由以出口劳动密集型产品为主转为以出口资本和技术密集型产品为主时，一国贸易结构正在改善或升级。因此，使用劳动密集型产品出口在总出口中所占比重来衡量一国的贸易模式并建立如下计量模型：

$$exstructure_{it} = \beta_0 + \beta_1 EDU_{it} + \beta_2 X_{it} + \partial_i + \varepsilon_{it} \tag{4-8}$$

其中，被解释变量 $exstructure_{it}$ 为 i 国 t 时期的出口结构，我们使用劳动力密集型产品出口占总出口比重来衡量。按照常用的划分方法，将中国货物贸易出口中按照 SITC 一位数分类的第 6、第 8 类作为劳动密集型产品①。EDU_{it} 为 i 国 t 时期的公共教育投入占 GDP 比重，用以反映各国的人力资本存量，是我们考察的核心变量。一般而言，由于人力资本存量越高的国家出口的劳动力密集型产品越少，所以，β_1 的估计系数预期为负。X_{it} 表示一系列影响出口结构的控制变量，用以考察在控制了其他影响因素后，人力资本对出口结构的影响。β_0 表示常数项，∂_i 表示无法观测的国家固定效应，ε_{it} 表示随机扰动项。结合已有文献的变量选取与数据可得性，我们选取的控制变量主要包括以下几个。

（一）资本劳动比（K/L）

该指标反映了一国的要素禀赋结构。资本劳动比越大，表明国家人均劳动力可支配的资本量越多。

（二）外商直接投资（FDI）

我们使用一国外商直接投资净流入量来核算该指标。一方面，外资企业的海

---

① SITC 一位数分类标准中的第 0~4 类为初级产品、第 5~9 类为工业制成品。其中，第 5 类为化学品及有关产品，第 6 类为轻纺产品、橡胶制品矿冶产品及其制品，第 7 类为机械及运输设备，第 8 类为杂项制品，第 9 类为未分类的其他商品。

外直接投资可能是为了利用东道国丰裕的劳动力资源，因此，此类 FDI 将促进东道国出口劳动力密集型产品份额。另一方面，东道国政府特别是发展中国家政府在吸引外商直接投资方面更希望资金流入本国的高科技行业，因此，相关招商引资政策往往对此类投资给予更多的优惠和便利，目的在于通过技术外溢效应促进本国相关行业的技术进步，以实现国内产业结构和贸易结构的升级，因此，FDI 也可能降低一国的劳动力密集型产品出口份额。

（三）人均收入增长率（$pcgdp$）

人均收入水平高且增长迅速的国家较人均收入增长缓慢的国家经济更为发达且对外开放程度更高。与发展中国家相比，发达国家人均工资更高，因此，生产的劳动力密集型产品的成本也更高，这使高人均收入的国家在生产劳动力密集型产品上不具有比较优势。因此，估计系数的预期符号为负。

（四）金融市场（$finance$）

使用一国银行部门国内信用投放占 GDP 的比重来衡量金融市场间接融资能力。一国金融市场具有较高的开放程度且金融体系较为成熟意味着该国出口企业拥有更为便利的融资渠道，从而有利于企业开展生产及扩大生产规模增加出口，因此，估计系数的预期符号为正。

实证回归使用的数据全部来自 Wind 数据库。根据数据的可得性选取美国、日本、加拿大、法国、英国、德国、意大利和韩国等八个发达经济体和中国、印度尼西亚、泰国、马来西亚、印度、菲律宾、巴西、墨西哥等八个发展中经济体。考察的时段为 1996~2018 年。各变量的统计描述见表 4-1。我们计算了按照各国出口贸易额加权得到的发达国家与发展中国家的平均劳动密集型产品出口份额。由图 4-1 可知，20 世纪 90 年代发展中国家的劳动密集型产品出口占比高于发达国家，且占比在两个国家组内均呈下降趋势。到 2008 年金融危机期间，发达国家和发展中国家的劳动密集型产品出口占比已经十分相似。2012 年发达国家和发展中国家的劳动密集型产品出口占比分别为 19.9% 和 20.2%，均为 1996 年以来的最低水平。2011 年以来劳动密集型产品的出口占比有所增加且发展中国家的占比增速快于发达国家。我们将在下文检验出口结构的变化是否受到各国人力资本水平的影响。

表 4-1　变量统计描述

变量	观测值	均值	标准差	最小值	最大值
EDU	368	6.31	4.58	2.10	25.61
K/L	368	7.64	6.90	0.16	23.95
FDI	368	571.99	762.96	−204.45	5061.61
pcgdp	368	4.68	11.54	−0.77	0.45
finance	368	122.56	67.35	28.46	345.72

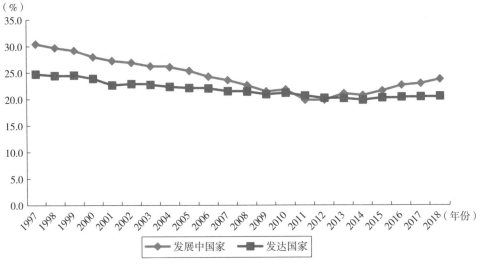

图 4-1　发达国家与发展中国家的出口结构

三、实证结果分析

表 4-2 中第一列显示了使用全部样本的回归结果。人力资本变量的估计系数符号为负，在 1% 水平上显著为负，与预期相符。随着人力资本的不断积累，一国劳动力的技能水平、知识储备不断提高，使一国在密集使用高技能劳动力的产品生产上具备比较优势，根据国际贸易中的雷布津斯基定理，该国将生产并出口相对更多的高技能劳动力密集型产品，同时减少低技能劳动力密集型产品的出口。本节的实证回归结果与理论预测的贸易模式一致。在控制变量方面，FDI 项的估计系数在 1% 水平上显著为负，表明 FDI 显著降低了一国劳动密集型产品的出口份额。一个可能的解释是外商直接投资更多地流入东道国高新技术行业，促

进了高新技术产品的产出和出口增长，从而降低了劳动密集型产品的出口份额。人均收入项的估计系数在5%水平上显著为负，与预期一致。资本劳动比和金融市场的估计系数均没有通过显著性检验，显示资本劳动比和融资能力并未对一国的出口结构产生显著的影响。

为了检验人力资本影响出口结构在发达国家组和发展中国家组是否存在差异，我们将16个国家分成两组分别进行回归。表4-2第（2）列和第（3）列分别显示了发达国家组和发展中国家组的估计结果。可以看到，在发达国家和发展中国家内部，人力资本的估计系数均显著为负，表明人力资本的积累降低了各国劳动密集型产品的出口，促进了出口结构升级。分组回归结果的主要区别在于发达国家人力资本变量的估计系数显著性更高，这可能是因为发达国家由于整体经济实力更强，教育体系更为完善，同样的教育投入在发达国家中有着比发展中国家更高的产出并对贸易部门产生了更为显著的影响。

表 4-2　实证结果

变量	（1）	（2）	（3）
EDU	−0.0004 ***	−0.0005 ***	−0.0003 **
	（0.0001）	（0.0001）	（0.0001）
K/L	0.0005	−0.0004	0.0010
	（0.0006）	（0.0009）	（0.0009）
FDI	−0.0000 ***	−0.0000 *	−0.0000 ***
	（0.0000）	（0.0000）	（0.0000）
pcgdp	−0.0429 **	−0.0201	−0.0612 **
	（0.0175）	（0.0162）	（0.0298）
finance	−0.0022	−0.0034	−0.0025
	（0.0027）	（0.0040）	（0.0038）
常数项	0.2983 ***	0.3097 ***	0.2982 ***
	（0.0152）	（0.0167）	（0.0250）
国家固定效应	有	有	有
时间固定效应	有	有	有
观测值	368	184	184
R^2	0.1740	0.2680	0.1945

注：* 、* * 、* * * 分别表示在10%、5%、1%的水平上显著，括号内为标准误。

在控制变量方面，两组中外商直接投资的估计系数均为负，在发达国家组内估计系数在 10% 水平上显著，在发展中国家组内估计系数在 1% 水平上显著。人均收入增速的估计系数在发达国家组内为负但失去了显著性。这可能是因为与发展中国家相比，发达国家的人均收入已经处在一个较高的水平且增长速度低于发展中国家，因此对出口结构的影响较为有限。资本劳动比和金融市场项的估计系数在两组内均未通过显著性检验。

本节我们使用跨国面数据实证检验了人力资本对一国贸易模式的影响。回归结果表明，以公共教育投入占比度量的人力资本指标对出口结构有显著影响，表现为人力资本投资的提高会降低一国出口中劳动密集型产品所占的比重，这一结论在发达国家和发展中国家中均成立。本节的研究结果与理论预测与已有实证研究的结论一致。一方面，由于劳动密集型产品的技术含量和增加值普遍较资本密集型产品更低，因此，一国出口产品结构中劳动力密集型产品占比下降意味着该国可能在出口中获得更多的贸易利得，即人力资本的增加有利于一国实现出口结构升级。另一方面，劳动密集型产业吸纳了大量的劳动人口特别是中低技能劳动力，出口中劳动密集型产品所占比重的下降可能导致这部分劳动人口的就业机会减少。如果大量的低技能劳动力无法通过接受教育或职业培训等方式增加自身的人力资本水平，那么劳动力市场上就可能出现结构性失业问题。因此，一国在通过增加人力资本投资提升出口结构和贸易利得的同时，也需要密切关注出口结构变化对劳动力市场需求的潜在影响。

第三节　人力资本存量与全球价值链分工地位：基于发展中国家的视角

在初步分析人力资本对贸易模式的影响的基础上，本节我们进一步考察人力资本存量对一国国际分工地位的影响。我国在加入全球价值链分工体系之初，主要利用的是廉价劳动力等低端要素，从加工组装起步逐步"嵌入"全球价值链，但却面临陷入价值链"低端锁定"的困境（张杰、刘志彪、张少军，2008；张幼文，2012）。当前，如何提升全球价值链分工地位已成为我国和许多发展中国面临的共同问题。想要实现向价值链高端位置攀升，要求一国对包括物质资源、劳动力和人力资本等要素进行重新配置（Clark，1940）。在所有要素中，人力资本作为物质资本以外的高级生产要素（Schultz，1960），是决定一国分工地位高度的核心因素,更是内生增长理论中一国经济增长的重要引擎(Lucas,1988)。当前,我国面临的人口老龄化问题十分严峻,"人口红利"下降使传统竞争优势逐渐削弱,"人力资本红利"被认为将在很大程度上缓解这种不利影响,成为未来经济的增长点(蔡昉,2012;中国社科院,2015)。充分利用"人力资本红利"需要我们对人力资本对国际分工地位的影响进行深入剖析。

一、相关文献

关于人力资本对国际贸易影响的相关研究普遍认为,不同国家在人力资本存量或结构上的差异决定了各国的贸易基础。这一研究结论可以从三个不同的视角进行分析:一是基于要素禀赋理论的视角,假定两国间唯一的差异在于人力资本存量的不同,那么一国的贸易模式主要由其人力资本存量决定(Ishikawa,1996;Frias et al.,2000),也就是说,人力资本相对丰富的国家将出口人力资本密集型商品,进口其他要素密集型商品(Bouheas & Riezman,2005,2007)。二是基于内生增长理论的视角,内生技术进步影响着一国的比较优势,而一国吸收和采用先进技术的能力与该国的人力资本存量密切相关(Romer,1986,1990;Barro,1991)。相对较高的人力资本存量有助于新技术的获取(Keller,1996),发达国家能够使用先进技术得益于国内高质量的人力资本,而发展中国家较低的人力资本水平不具有吸收先进技术的能力(Acemoglu & Zilibotti,2001)。三是基于技术匹配的视角,有学者将人力资本结构纳入研究框架,指出技术能力的形成需要与之匹配的人力资本结构(Chanaron & Perrin,1987),且人力资本结构的差异是生产率存在差异的重要原因,从而对一国贸易模式产生影响(Corvers & Grip,1997)。此外,不同发展阶段的技术水平也需要与之匹配的人力资本分布(Caselli & Coleman,2006)。

当前的国际贸易主要围绕着全球价值链上的产品展开,贸易的特征是中间品和零部件多次跨越国境,一国出口的最终品中往往包含着进口中间投入,或者本国生产出口到外国加工后再次进口的中间投入。国际贸易逐步由以货物贸易为主,转向以增加值贸易(Trade in Goods)或任务贸易(Trade in Tasks)为主。参与全球价值链分工的国家根据自身的比较优势,分工生产最终产品的某一个或几个环节,相应地获取不同的贸易利益或增加值。通常,参与研究开发、市场营销、生产性服务等环节能够获取较高的贸易增加值,参与加工组装等简单生产环节能够获取的贸易增加值较低。因此,在全球价值链分工地位的不同直接决定了各国从事国际贸易的获利能力。改革开放特别是"入世"以来,中国参与全球价值链的程度日益加深，与全球多个国家和地区展开分工协作，被称为"世界工厂"，进出口额逐年提升。然而，由于位于全球价值链的低端，中国从事的主要是零部件和中间品的加工组装，实际获取的贸易利益远远低于统计数据显示的水平。

现有考察一国在全球价值链上分工地位的方法可大致分为两类：一类是基于出口产品构成或技术含量的视角研究全球价值链分工地位。例如，Wang 和 Wei（2008）、唐海燕、张会清（2009）使用出口相似度指标衡量价值链位置，通过比较发展中国家与先进国家的出口结构来反映一国与全球价值链高端环节的相对距离。Rodrik（2006）、Hausmann 等（2007）建立出口复杂度指标测算我国出口产品中技术含量，邱斌等（2012）、刘维林等（2014）、蒲红霞（2015）利用该指标考察全球价值链嵌入对我国制造业行业国际分工地位的影响。另一类是基于出口增值能力和价值链嵌入位置的视角研究全球价值链分工地位。王孝松等（2014）、胡昭玲和张咏华（2015）使用出口增加值指标衡量我国在全球价值链上的分工地位。Koopman 等（2014）对出口贸易中包含的国内与国外增加值进行分解，并在增加值贸易核算框架下建立了全球价值链参与程度和分工地位指标。王岚（2014）、周升起等（2014）、岑丽君（2015）、邓光耀、张忠杰（2018）、陈春华（2020）等运用相关指标考察了我国在全球价值链中的分工地位。

目前，已有较多文献对我国全球价值链分工地位的影响因素进行了实证检验。黄永明和张文洁（2011）实证检验发现，非熟练劳动力是影响我国出口复杂度提升的主要推动因素。杨高举和黄先海（2013）指出，国内技术创新、物质和人力资本要素的协同性提升是提高我国高技术产业国际分工地位的关键。王孝松等（2014）实证检验我国出口产品技术含量的影响因素，发现教育水平和外商投资显著提升行业技术水平。Antràs 等（2012）建立"上游度"指标来测算国际分工地位，研究发现美国行业的技术密集度与上游度指标之间存在显著负相关关系。周茂等（2019）采用双重差分法评估了人力资本扩张对我国城市制造业出口升级的因果效应，实证结果显示高校扩招带来的人力资本扩张有效推动了我国出口产品的技术复杂度提升。使用多国数据的经验研究方面，Hausmann 等（2007）认为，国家规模和人力资本显著提升了各国出口复杂度。祝树金等（2010）实证检验不同国家出口产品技术水平的决定性因素，发现资本劳动比、人力资本、研发等变量与出口技术水平具有显著正相关关系。刘海云、毛海欧（2015）实证研究发现，交易费用降低、技术水平提升等因素对各国分工地位有显著正向作用。目前，针对发展中国家的研究比较少见，仅唐海燕和张会清（2009）研究发现，在满足人力资本、服务质量以及制度环境等支持性条件的前提下，参与产品内国际分工对发展中国家价值链位置提升有显著促进作用，相关研究仍有待深入。黄灿、林桂军（2017）研究指出，研发投入、外商直接投资和自然资源丰裕度与制造业整体 GVC 分工地位显著正相关，制度通过利用自然资源促进分工地位提升。相关研究还有待深入。

一国在全球价值链中所处的相对地位应由其参与国际分工的深度和广度决定，这种地位集中地体现为对外贸易的获利能力（黄先海、杨高举，2010）。与出口相似度和出口复杂度指标相比，基于增加值视角的全球价值链分工地位指标同时考虑了一国作为中间产品出口方和进口方在全球价值链上的相对重要性。同时，多个国家间投入产出数据库的建立为我们测算并比较不同国家的全球价值链分工地位提供了便利。因此，本节首先利用 Koopman 等（2010）提出的 GVC 分工地位指标，测算并分析 22 个发展中国家国际分工地位的差异及演化趋势。现有研究对人力资本对全球价值链分工地位的影响仍然少见，基于发展中国家视角的实证研究则更为缺乏。为此，我们基于 1995~2018 年 22 个发展中国家的面板数据，对发展中国家人力资本与全球价值链分工地位之间的关系进行实证检验，力求对这一研究领域提供有益补充。

二、全球价值链分工地位测算

增加值贸易核算方法的核心是对一国出口中包含的国内与国外增加值进行分解。Koopman 等（2014）提出了一个增加值贸易的测算框架，在数量上实现了对总出口的完全分解。在这一框架下，Koopman 等（2010）进一步构建了反映一国全球价值链分工地位的指标：

$$GVC\_Position_i = \mathrm{Ln}\left(1+\frac{IV_i}{E_i}\right) - \mathrm{Ln}\left(1+\frac{FV_i}{E_i}\right) \tag{4-9}$$

其中，IV_i 表示 i 国总出口包含的间接国内附加值，即 i 国通过将中间品出口，经进口国加工再出口到第三国而实现的增加值出口；FV_i 表示 i 国总出口中包含的国外附加值；E_i 表示以增加值核算的总出口。该指标的建立思路是：处于全球价值链上游的国家更多地为其他国家提供中间品，其间接增加值出口比率会高于国外增加值比率；反之，处于全球价值链下游的国家更多地使用进口中间品，其国外增加值比率会高于间接增加值比率。因此，GVC 分工地位指数越大表明一国在全球价值链上所处地位越高，指数越小则表明一国在全球价值链上所处地位越低。

世界贸易组织（WTO）和经济合作与发展组织（OECD）基于增加值贸易核算方法及各国投入产出表，测算并于 2013 年首次发布了增加值贸易数据

（TiVA），该数据库提供了41个经济体18个行业的增加值贸易相关数据。此外，根据世界投入产出数据库（WIOD）提供的投入产出数据和贸易数据也可用于测算增加值贸易。鉴于WIOD数据库仅包含了10个发展中国家，我们最终选择使用TiVA数据库于2018年12月最新发布的增加值贸易数据，结合式（4-9）测算22个发展中国家1995～2018年的全球价值链分工地位指数①。图4-2和表4-3报告了测算结果。

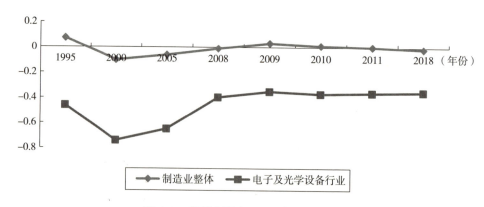

图4-2　发展中国家 GVC 分工地位指数

资料来源：作者根据 OECD-WTO（TiVA）数据库发布数据计算得到。

表4-3　前十位发展中国家的 GVC 分工地位指数

国家 ＼ 年份	1995	2000	2005	2008	2009	2010	2011	2018
巴西	0.348	0.324	0.343	0.326	0.356	0.366	0.362	0.351
阿根廷	0.385	0.392	0.277	0.254	0.313	0.289	0.275	0.260
哥伦比亚	0.265	0.257	0.209	0.214	0.245	0.266	0.252	0.243
俄罗斯	0.217	0.137	0.234	0.227	0.267	0.266	0.242	0.233
印度尼西亚	0.179	0.107	0.131	0.141	0.218	0.217	0.191	0.175

---

① 2018年12月更新的 TiVA 数据库提供了61个经济体的增加值贸易数据。根据 IMF *World Economic Outlook* 2015 中发达经济体和发展中经济体划分标准，61个经济体中包含了24个发展中国家。鉴于柬埔寨和越南在实证研究中存在数据缺失，本书最终选取22个发展中国家，包括阿根廷、巴西、保加利亚、中国、克罗地亚、塞浦路斯、印度、印度尼西亚、马来西亚、罗马尼亚、俄罗斯、南非、泰国、突尼斯、智利、匈牙利、墨西哥、波兰、土耳其、文莱、哥伦比亚、哥斯达黎加。

续表

年份\国家	1995	2000	2005	2008	2009	2010	2011	2018
南非	0.267	0.222	0.189	0.080	0.206	0.220	0.161	0.146
土耳其	0.239	0.130	0.135	0.074	0.134	0.097	0.039	0.032
克罗地亚	0.022	0.001	-0.009	-0.013	0.048	0.042	0.026	0.020
印度	0.368	0.323	0.184	0.051	0.108	0.065	0.022	0.020
智利	0.195	0.046	0.086	-0.022	0.063	0.046	0.024	0.018

资料来源：作者根据 OECD-WTO（TiVA）数据库发布数据计算得到。

　　1995～2018 年发展中国家制造业整体在全球价值链中的分工地位呈"下降—上升—下降"的演化趋势。1995 年发展中国家制造业 GVC 分工地位指数为0.073，之后大幅下滑，2000 年降至 -0.101；2001 年以来逐步回升，2009 年上升至 0.032，仍低于 1995 年水平；2009～2018 年再次下降，2018 年降至 -0.014。制造业部门中，电子及光学设备行业是典型参与全球价值链分工的部门，1995～2018 年该行业的 GVC 分工地位指数始终为负，且显著低于制造业总体分工地位，说明发展中国家在电子及光学设备行业生产过程中使用了较多的进口中间投入，主要从事的是加工装配或外包等低附加值环节。

　　从具体国家来看，我们发现全球价值链分工地位指数排名前十位的发展中国家的一个共同特征是属于某些自然资源丰裕的国家[①]。周升起等（2014）指出，自然资源丰裕度对一国制造业在 GVC 中分工地位的高低有着重要影响，本节的测算结果印证了这一观点。此外，已有文献测算指出，发展中国家在全球价值链中的分工地位总体上显著低于发达国家（周升起等，2014；岑丽君，2015）。

三、计量模型与变量

　　按照国际贸易理论，全球价值链分工参与国应利用自身在产品某一生产阶段上的比较优势参与生产。因此，一国的要素禀赋结构对其国际分工地位具有决定性作用，即资本、劳动力和土地等自然资源的相对拥有量是影响 GVC 分工地位

[①]　2011 年各国农林牧渔业和采矿采石业出口占总出口比重分别为：巴西 27%、阿根廷 20%、哥伦比亚 42%、俄罗斯 31%、印度尼西亚 34%、南非 30%、智利 11%。

的因素。同时，内生增长理论强调技术进步作为经济增长的引擎作用，创新能力
与技术进步是提升国家贸易利益的直接推动力量。Humphrey（2004）指出，全
球价值链的不同生产环节对应着不同的技术水平，GVC 分工地位提升的关键要
素之一是技术能力的提升。研究开发、技术外溢等均是发展中国家提升技术能力
的渠道，而人力资本是技术进步的决定因素。按照以上思路同时参考经典文献中
经常使用的变量，我们选取要素禀赋、人力资本存量、外商直接投资、自然资
源、制度指标等解释变量。具体建立计量模型如下：

$$GVC\_position_{it} = \beta_0 + \beta_1 HC_{it} + \beta_2 K/L_{it} + \beta_3 FDI_{it} + \beta_4 Gov_{it} + \quad (4\text{-}10)$$
$$\beta_5 Resource_{it} + \beta_6 Scale_{it} + \partial_i + \varepsilon_{it}$$

其中，被解释变量 $GVC\_Position_{it}$ 为 i 国 t 时期的全球价值链分工地位指数。
HC_{it} 为 i 国 t 时期 15～64 岁人口的平均受教育年限，用以反映发展中国家劳动力
市场上的人力资本存量水平，是我们考察的核心变量。一般而言，拥有较高人力
资本存量的国家往往位于全球价值链上游环节，能够在国际贸易中获取较多的贸
易利益。为了计算发展中国家劳动人口的平均受教育年限，首先将一国 15～64
岁的人口视为劳动人口。由于我们获取的数据并未直接提供劳动人口的总体受教
育情况，而是将 15 岁以上人口每五岁划分为一个年龄段，提供每个年龄段人口
的平均受教育年限。为此，我们将劳动人口中各年龄段人口的平均受教育年限按
照该年龄段人口在全部劳动人口中所占比重加权后加总得到全部劳动人口的平均
受教育年限。表 4-8 显示了 22 个发展中国家 1995～2010 年劳动人口的平均受教
育年限，表 4-9 进一步显示了这些发展中国家 1995～2010 年劳动人口接受中等
教育的平均年限。

表 4-4　部分发展中国家劳动人口平均受教育年限　　　　单位：年

序号	国家	1995	2000	2005	2010
1	阿根廷	8.91	9.08	9.57	9.71
2	巴西	5.79	6.76	7.66	8.17
3	保加利亚	9.31	9.65	10.61	11.07
4	文莱	8.17	8.43	8.62	8.88
5	智利	8.92	9.41	9.96	10.35
6	中国	7.17	7.79	8.02	8.25

续表

序号	国家	1995	2000	2005	2010
7	哥伦比亚	6.68	7.12	7.56	9.35
8	哥斯达黎加	7.61	7.96	8.52	8.43
9	克罗地亚	9.64	10.36	11.30	11.91
10	塞浦路斯	10.28	10.82	10.19	11.76
11	匈牙利	10.75	11.57	11.89	11.98
12	印度	4.30	5.30	5.94	6.58
13	印尼	4.89	5.41	6.69	8.02
14	马来西亚	8.66	9.49	10.16	10.89
15	墨西哥	7.37	7.96	8.90	9.18
16	波兰	10.32	10.74	11.36	11.62
17	罗马尼亚	10.37	10.70	10.89	11.24
18	俄罗斯	10.72	11.53	11.76	12.02
19	南非	8.37	7.93	8.86	9.89
20	泰国	5.79	6.09	7.46	8.47
21	突尼斯	5.47	6.32	7.21	8.00
22	土耳其	5.88	6.37	6.86	7.44

资料来源：作者根据 BarroandLee 数据库数据计算得到。

表 4-5　部分发展中国家劳动人口接受中等教育的平均年限　　单位：年

序号	国家	1995	2000	2005	2010
1	阿根廷	2.26	2.35	2.62	2.81
2	巴西	1.22	1.49	1.76	2.13
3	保加利亚	2.95	2.84	3.26	3.60
4	文莱	3.25	3.42	3.58	3.77
5	智利	3.15	3.48	3.86	4.15
6	中国	2.27	2.58	2.73	2.81

续表

序号	国家	1995	2000	2005	2010
7	哥伦比亚	2.41	2.61	2.87	3.75
8	哥斯达黎加	1.88	2.08	2.43	2.29
9	克罗地亚	2.55	3.41	4.17	4.86
10	塞浦路斯	3.88	4.20	3.99	4.70
11	匈牙利	2.53	3.19	3.35	3.68
12	印度	1.48	2.20	2.47	2.84
13	印尼	1.11	1.06	1.73	2.48
14	马来西亚	3.40	3.98	4.38	4.82
15	墨西哥	2.39	2.64	3.14	3.24
16	波兰	2.69	2.92	3.21	3.43
17	罗马尼亚	3.22	3.36	3.73	4.26
18	俄罗斯	4.35	4.68	4.63	4.82
19	南非	2.20	2.25	2.80	3.44
20	泰国	1.24	1.41	2.03	2.58
21	突尼斯	1.69	2.04	2.45	2.81
22	土耳其	1.58	1.86	2.18	2.41

资料来源：作者根据 BarroandLee 数据库数据计算得到。

在控制变量方面，K/L_{it} 表示反映国家要素禀赋结构的资本劳动比，该指标越大，表明国家人均劳动力可支配的资本量越多。发展中国家要素禀赋结构的提升可以带动国内产业升级，从而改善国际分工地位。自然资源是一国的原始要素禀赋。有研究指出自然资源丰裕的国家经济增长率往往较低（Sachs & Warner，2001），原因是这些国家的物质和人力资本大量流入自然资源密集行业，从而不利于高技术行业的发展。也有文献研究指出自然资源丰裕度并未对经济增长产生负面影响（Papyrakis & Gelagh，2003）。目前，学界对丰裕的自然资源对经济发展的影响效应尚未达成共识。本书测算结果显示 GVC 分工地位指标排名靠前的发展中国家多是某些自然资源丰裕的国家（见表 4-7）。为此，我们引入反映国家自然资源禀赋丰裕程度的 $Resource_{it}$ 变量来考察自然资源丰裕度对发展中国家国际分工地位的影响究竟如何，使用 i 国 t 时期农林牧渔业和采矿采石业出口占总出口比重来衡量。FDI_{it} 是技术外溢的主要渠道之一。发展中国家可以通过引进外商直接投资加大资本密集型和技术密集型产品的出口比例，同时利用溢出效应促进技术进步，提升在全球价值链上的分工地位。我们使用 i 国 t 时期 FDI 净流入占 GDP 的比重衡量该指标。为了控制国家制度特征纳入制度变量 $Government_{it}$ 以控制国家制度质量的差别，使用政府效率指标来衡量。该指标在 $-2.5 \sim 2.5$ 分布，数值越大表示 i 国政府效率越高，越有利于价值链分工地位提升。纳入 $Scale_{it}$ 指标以控制国家规模经济水平的差异，使用 t 时期 i 国总出口占世界总出口的比重来衡量。

本书选取 22 个发展中国家 1995 年、2000 年、2005 年和 2010 年的面板数据进行分析。核心解释变量人力资本（HC_{it}）使用的教育数据来自 BarroandLee 数据库。该数据库提供了 1950～2010 年每五年主要国家不同年龄段人口中接受不同程度教育人口的占比情况以及平均受教育年限情况。资本劳动比（K/L_{it}）和研发投入（$R\&D_{it}$）的数据全部来自世界银行的世界发展指标（WDI）数据库；自然资源丰裕度（$Resource_{it}$）的数据来自 OECD 数据库；外商直接投资（FDI_{it}）数据来自联合国贸易与发展会议（UNCTAD）数据库。国家制度（$Government_{it}$）指标来自世界银行 Worldwide Governance Indicators（WGI）数据库。由于该数据库的起始年份为 1996 年，我们用 1996 年数据来代替 1995 年数据。表 4-6 显示了各变量的统计描述情况。

表 4-6　变量统计描述

变量	观测值	均值	标准差	最小值	最大值
HC	88	8.79	1.9414	4.30	12.02
K/L	88	3.07	2.1812	0.06	11.31
FDI	88	3.42	2.5984	0.37	13.38
$Resource$	88	0.22	0.2540	0.002	1.24
Gov	88	6.45	0.8338	3.63	7.95

四、实证结果分析

首先使用随机效应模型和固定效应模型进行回归，其次利用 Hausman 检验在两种模型间进行选择。检验结果显示，各项回归均强烈拒绝原假设，因此选取固定效应模型进行回归。在控制个体差异的基础上，逐步引入控制变量，以检验回归结果的稳健性。根据表4-7报告的回归结果，可以得出以下三点结论：

第一，发展中国家的人力资本存量与其全球价值链分工地位显著正相关，在控制了国家和年份固定效应的基础上，我们逐步加入控制变量，人力资本的估计系数均显著为正，表明人力资本存量的增加有助于提升一国在价值链上的分工地位。耿晔强、白力芳（2019）发现，人力资本结构高级化和研发强度的增大能够有效地促进发展中国家全球价值链地位的提升，本节研究表明，人力资本存量的积累对全球价值链分工地位的提升也有近似的效果。发展中国家提升自身创新能力与技术水平，从而能够直接提升出口产品的增值能力，进而提升国际分工地位。

第二，发展中国家的资本劳动比与价值链分工地位之间不存在显著相关性，表明劳动力可支配资本量的增加没有促进发展中国家国际分工地位的提升，这与黎峰（2015）实证分析得到的结论一致。

第三，自然资源丰裕度的估计系数显著为正。这表明丰裕的自然资源是促进发展中国家 GVC 分工地位提升的因素。这是因为 GVC 分工地位指数考察的是国家同时作为中间投入提供者和使用者的相对重要性，进而反映一国在价值链上所处分工地位。发展中国家通过向世界其他国家和地区出口自然资源密集型中间投入处于全球价值链上游地位。刘海云、毛海鸥（2015）也指出，一国的国际分工地位受到该国是否为初级资源出口国影响。这种参与国际分工的方式在很大程度上依赖于丰富的自然资源，考虑到资源的稀缺性和有限性，从长期来看，可能不利于发展中国家对外贸易的持续发展与产业结构升级。

第四，控制变量外商直接投资、规模经济和制度等与 GVC 分工地位之间均不存在显著相关性，表明以上变量并非促进发展中国家价值链分工地位提升的因素。

表 4-7　人力资本对 GVC 分工地位的影响：实证结果

变量	（1）	（2）	（3）
HC	0.0362 **	0.0285 *	0.0302 *
	(0.0148)	(0.0167)	(0.0175)
K/L		0.0017	0.0004
		(0.0085)	(0.0143)

续表

变量	（1）	（2）	（3）
Resource		0.4378 **	0.4712 **
		(0.1809)	(0.1969)
FDI			0.0015
			(0.0060)
Gov			0.0017
			(0.0035)
Scale			−0.0065
			(0.0142)
常数项	−0.3258 **	−0.3587 **	−0.3874 ***
	(0.1303)	(0.1368)	(0.1444)
国家固定效应	有	有	有
时间固定效应	有	有	有
观测值	88	88	88
R^2	0.0844	0.1636	0.1663

注：*、**、***分别表示在10%、5%、1%的水平上显著，括号内为标准误。

　　为了确保回归结果的可靠性，还需要进行稳健性检验。我们考察改变核心解释变量的构造方法是否影响估计结果的稳健性。使用 BarroandLee 数据库提供的发展中国家劳动人口接受中等教育①的平均年限作为人力资本存量的替代变量。Petrakis 和 Stamatakis（2002）则指出，人力资本对一国经济增长的影响受其经济发展水平的影响，在欠发达国家中初等教育和中等教育更为重要。我们将新的人力资本存量变量带入模型进行回归，表4-8显示了估计结果。该结果与表4-7中估计系数的符号和显著性均没有显著变化，人力资本存量在逐步加入控制变量后估计系数均显著为正，说明估计结果是比较稳健的，同时也说明对于广大发展中国家而言，扩大初等及中等教育投资有利于改善本国的要素禀赋结构，从而提升一国在全球价值链上的地位。

---

① 这里的中等教育包括接受初中、高中、中专及以下学历教育。

表4-8　人力资本对 GVC 分工地位的影响：稳健性检验

变量	(4)	(5)	(6)
HC	0.0803 ***	0.0708 **	0.0786 **
	(0.0242)	(0.0270)	(0.0315)
K/L		−0.0009	−0.0056
		(0.0081)	(0.0136)
Resource		0.4044 **	0.4549 **
		(0.1765)	(0.1953)
FDI			−0.0013
			(0.0066)
Gov			0.0076
			(0.0244)
Scale			−0.0158
			(0.0160)
常数项	−0.2421 ***	−0.2998 ***	−0.3665 **
	(0.0712)	(0.0750)	(0.1523)
国家固定效应	有	有	有
时间固定效应	有	有	有
观测值	88	88	88
R^2	0.1453	0.2111	0.2325

注： ** 、 *** 分别表示在 5%、1%的水平上显著，括号内为标准误。

　　通过建立计量模型，我们实证检验了人力资本存量对发展中国家全球价值链分工地位的影响情况。基于增加值核算方法，首先对发展中国家的全球价值链分工地位指数进行了测算。在此基础上，使用 1995～2010 年 22 个发展中国家的面板数据，运用固定效应模型实证分析了以劳动人口受教育情况反映的人力资本存量对全球价值链分工地位的影响。结果显示，发展中国家制造业整体在全球价值链中的分工地位呈"下降—上升—下降"的演化趋势，且 GVC 分工地位指数排名前十位的发展中国家多为某些自然资源丰裕的国家。本书发现，人力资本存量是促进发展中国家全球价值链分工地位提升的重要因素。劳动人口的平均受教育年限越高，对一国在全球价值链上的分工地位越有利。此外，自然资源丰裕度与价值链分工地位显著正相关，表明发展中国家作为自然资源密集型中间品的提供者，提升了其在全球价值链上的分工地位。资本劳动比、外商直接投资、规模经济和制度等因素与国际分工地位之间没有显著联系。我们通过逐步改变核心解释变量的构造方法进行了稳健性检验，估计结果较为稳健。

根据实证研究结果，可以得出以下三个政策启示。

第一，发展中国家要加快要素禀赋结构升级，改变自身比较优势。发展中国家应增加资本特别是人力资本的积累，尽快实现要素禀赋结构高级化，将比较优势由加工组装等劳动力密集型行业逐步转移到资本和技术密集型行业，强化本国战略性行业的核心技术开发，提升出口产品的技术含量和附加值，避免陷入国际分工地位"锁定"的困境。

第二，加大贸易开放力度，更加充分发挥 FDI 的技术外溢作用。发展中国家应进一步降低对外商直接投资的限制，加大招商引资力度。在引进外资的过程中重视技术和管理经验的获取，鼓励外资企业在本国建立区域总部和研发中心，从而更好地获取技术外溢效应。

第三，建立良好的制度环境和服务体系，助力全球价值链分工地位提升。例如，发展中国家本土外贸企业在转型升级和技术创新的过程中往往需要大量资金与设备投入，政府可通过提供财政支持和金融信贷平台等方式助力企业向价值链高端延伸。

第四节　人力资本分布、比较优势与贸易模式

一、理论分析

所谓的人力资本分布（Dispersion of Human Capital），是指人力资本在全社会人口中的分配情况。各国接受不同程度、不同类型教育及培训的劳动者在劳动力市场上所占的比重通常是不同的。常用的总受教育年限、平均受教育年限等人力资本的替代指标能够用来度量一个国家的人力资本存量，但无法较好地反映一国的人力资本分布情况。我们可以看到现实中两个经济体可能人力资本存量水平相近，但出口商品的种类却存在巨大差异，或者高人力资本存量的国家出口非人力资本密集型商品的情况。如果仔细分析两个经济体的人力资本分布，很可能看到

其中一个国家的人力资本是以接受了高等教育和初级教育的人口为主，而另一个国家的人力资本则表现为存在大量接受了中等教育的人口。这种人力资本分布上的差异是两国贸易模式存在差异的重要原因。具体地，国家一的人力资本分布具备相对丰裕的多样性人才，即人力资本分布相对分散，该国应出口技术互补性较弱（Lower Skill Complementarity）的行业产品（如软件业）；而国家二的人力资本分布更具同质性，即人力资本分布相对集中，该国应更多出口技术互补性较强（Higher Skill Complementarity）的行业产品（如汽车行业）（Ishikawa，1999；Grossman & Maggi，2000；Bougheas & Riezman，2003；Grossman，2004；Bombardini，2012）。

此外，由于不同国家的教育体系大相径庭，教育资源和课程设置也不尽相同，劳动人口所获取的教育和培训也可能因此存在巨大的差异。例如，与欧美国家相比，日本、新加坡、韩国等亚洲国家的课程设置更强调科学与数学的学习。国际教育成就评价协会（International Association for the Evaluation of Educational Achievement，IEA）组织发起的国际数学和科学趋势测评（Trends in International Mathematics and Science Study，TIMSS）针对各国9~10岁和13~14岁的青少年的数学和科学两门课程进行测评并排名。2016年最新测评的结果显示，在参与测评的57个国家和地区中，亚洲地区的新加坡、日本、中国香港、中国台湾、韩国等经济体保持着领先地位。与此同时，法国、意大利等经济体则在文学、艺术等领域进行了较为丰富的课程设置。

古典国际贸易理论指出，国际贸易的基础是国家间比较优势的差异。新古典贸易理论进一步阐述了比较优势的差异源自各国要素禀赋的差异。传统贸易理论的一个重要假设是劳动价值论，即假定所有的劳动力是同质的。现实世界中的劳动力则存在很强的异质性。从人力资本的视角出发，个体劳动力身上具有的人力资本各不相同，一个劳动人口相对稀缺的国家可能具有相对丰裕的高技能劳动力。事实上，这正是对实证检验要素禀赋论而产生的里昂惕夫之谜的一种解释：与世界其他国家相比，美国的工资率较高，劳动力相对稀缺，但美国的劳动人口中存在相当比例的高技能劳动力，美国作为高技能劳动力丰裕的国家，出口高技能劳动力密集型产品符合要素禀赋理论对贸易模式的预测。

以上分析将劳动人口粗略地划分为高技能劳动力和低技能劳动力，实际上是在考察各国在人力资本结构上的差异。已有人力资本影响国际贸易的研究多从内生增长理论视角出发，把人力资本分布作为影响技术进步的重要因素，强调人力资本的"外部性"（Acemoglu & Zilibotti，2001；Caselli & Coleman，2006；林毅夫、张鹏飞，2006；魏下海，2009；夏良科，2010；张月玲等，2015）。然而，此类研究往往使用人力资本分布的"平均值"，忽略了人力资本分布的异质性。为此，国外学者开始尝试从内生人力资本视角解释人力资本分布与贸易模式之间的关系，现有研究结论并不一致（Grossman & Maggi，2000；Bougheas & Riezman，2003；Grossman，2004；Ohnsorge & Trefler，2007；Bombardini et al.，2012，2014），而国内相关研究就更为少见。已有研究结论的差异主要归因于模型前提假定的差异。在完全信息或完美契约假定条件下，员工能力与他从事的工作一一匹配，国家间人力资本分布的差异并不能产生比较优势（Ishikawa，1996；Grossman & Maggi，2000；Grossman，2004），但现实中员工能力往往无法被完全观测。人力资本均值与技术水平相似国家的贸易模式可能大相径庭，人力资本分布的"多样性"与"同质性"可能成为比较优势的来源。自2000年以来，学者进一步分析了人力资本分布的差异对贸易模式的影响，指出比较优势产生的一个原因是各国人力资本分布的差异（Grossman & Maggi，2000）。多数情况下，人力资本分布的差异而非人力资本存量决定着一国的贸易模式（Bougheas & Riezman，2003）。如前文所述，人力资本的分布可以表现出集中或分散等特征。人力资本分布较集中的国家在技术互补性强的制造业产品上具有比较优势，人力资本分布分散的国家则在技术互补性较弱的行业产品上具有比较优势。这主要是由于制造业产品的不同生产环节需要的技术水平各不相同，在生产过程中需要不同技能劳动力之间的分工协作，即行业内员工的技术互补性较强。低技能劳动力的存在将拉低这类行业的平均劳动生产率，使高技能劳动力能够获取的工资水平偏低。高技能劳动力因此将更倾向于进入技术互补性较弱的行业。也有学者从不同的角度对行业特征进行了分析，Asuyama（2012）指出，人力资本分布分散的国家在生产链条较短的行业产品上具有比较优势，人力资本分布集中的国家在生产链条较长的行业产品上具有比较优势。

综上所述，人力资本分布的差异作为比较优势的基础将对各国的贸易模式产生影响，相关研究仍处在初步阶段，且国内研究十分少见。人力资本分布自身作为一国"内部动力"如何解释国家间分工生产的差异？人力资本分布影响贸易模式的作用机制如何？相关研究还有待进一步深入。

二、人力资本分布的度量

（一）Gini 系数

基尼系数是国际上常用的衡量一个国家或地区收入分配差异程度的指标。基尼系数值介于 0~1, 基尼系数越大, 表示一国内部收入不平等程度越高。借助基尼系数的研究思路和计算方法并利用人口受教育年限数据, 学者构建了人力资本分布的 Gini 系数以度量人力资本分布情况 (Thomas, Wang & Fan, 2000; Checchi, 2000; Castello & Domenech, 2002; Asuyama, 2012)。其计算公式如下:

$$G^h = \frac{1}{2\,\overline{H}} \sum_{i=0}^{3} \sum_{j=0}^{3} |\hat{x_i} - \hat{x_j}|\, n_i\, n_j \tag{4-11}$$

其中, $\overline{H}$ 表示一国 15 岁以上人口平均受教育年限。i 和 j 表示不同程度的学历教育, n_i 和 n_j 表示接受不同程度学历教育人口在总人口中所占比重。$\hat{x_i}$ 和 $\hat{x_j}$ 表示不同学历教育平均积累的受教育年数。假如考察四种学历教育, 包括未上过学 (0)、小学学历 (1)、中等学历 (2)、高等学历 (3)。x_i 表示不同学历教育 i 的平均受教育年限。可以得到:

$$\hat{x_0} \equiv x_0 = 0, \ \hat{x_1} \equiv x_1, \ \hat{x_2} \equiv x_1 + x_2, \ \hat{x_3} \equiv x_1 + x_2 + x_3 \tag{4-12}$$

将式 (4-12) 代入基尼系数等式 (4-11), 可以得到:

$$G^h = n_0 + \frac{n_1\, x_2(n_2 + n_3) + n_3\, x_3(n_1 + n_2)}{n_1\, x_1 + n_2(x_1 + x_2) + n_3(x_1 + x_2 + x_3)} \tag{4-13}$$

根据基尼系数的定义, 人力资本基尼系数在 0~1 分布。系数值越大, 表示人力资本分布越不均衡, 人口的受教育程度差别越大; 系数值越小, 表示人力资本分布越均衡, 人口的受教育程度差别不大。

(二) CV 指数

CV 指数是反映人力资本分布的离散系数, 计算公式如下:

$$CV_{xt} = \frac{\sqrt{\sum_e \left[(YEDU_{ext} - AVG_{xt})^2\, P_{ext} \right]}}{AVG_{xt}} \tag{4-14}$$

其中, x 表示国家, t 表示年份。AVG_{xt} 是指国家 x 在 t 年人口的平均受教育年限, 即 $AVG_{xt} = \sum_e YEDU_{ext}\, P_{ext}$, 其中 e 表示不同的教育程度, $YEDU_{ext}$ 表示 x 国家在 t 年不同学历教育的教育年限。P_{ext} 表示获得不同学历教育 e 的人口在总人口中所占的比重。

(三) MID 指数

MID 指数使用小学学历和中学学历人口在总人口中所占比重来衡量。Asuyama (2012) 使用 MID 指数衡量了中国和印度的人力资本分布情况, 他发现与中国相比，印度人力资本的一个主要特点是未上过学人口和接受高等教育人口在总人口中所占比重较高。因此，印度的 MID 指数较低，而中国的 MID 指数较高。

（四）分位法

分位法是将样本人群按照其受教育年限的长短分为若干等份，然后计算各等份内部的平均受教育年限后进行加权平均得到总人口的平均受教育年限。常用的包括三分位法和五分位法。

人力资本分布的度量指标对相关受教育数据提出了一定的要求。由于教育体系存在差异，因此，各国统计数据提供的教育数据往往难以进行比较。目前涵盖国家最多、使用范围最广的国别教育数据来自 Barro 和 Lee 数据库。该数据库提供了 1950~2010 年 146 个国家和地区 15 岁以上人口的受教育情况（Educational Attainment）。具体地，Barro 和 lee 数据库将各国 15 岁以上人口以 5 岁为一个年龄段进行分组，同时将受教育程度按照未上过学、小学教育（Primary）、中学教育（Secondary）、高等教育（Tertiary）分为四类，数据库列出各年龄组人口中接受不同程度教育人口的占比情况以及各年龄组人口的平均受教育年限。例如，Castello 和 Domenech（2002）利用 Barro 和 Lee 数据库计算了 108 个国家的人力资本分布情况，在此基础上得到了世界主要地区的平均人力资本分布情况。其中，G^h 表示各地区的人力资本分布基尼系数，Q3 表示使用五分位法计算的第三分位即接受中等教育人口的占比情况，$\overline{H}$ 表示各地区的人力资本存量，即 15 岁以上人口的平均受教育年限。由表 4-9 可知，人力资本分布最不均衡的地区首先是南亚，其次是撒哈拉以南非洲，相比而言，拉丁美洲与加勒比海地区、东亚与太平洋地区的人力资本分布相对均衡。发达经济体的人力资本分布较转型经济体更为平均。

表 4-9　不同地区人力资本分布及存量

	G^h	Q3	$\overline{H}$
中东与北非	0.583	0.165	3.931
撒哈拉以南非洲	0.637	0.119	2.430
拉丁美洲与加勒比海地区	0.367	0.339	4.784
东亚与太平洋地区	0.377	0.331	5.558
南亚	0.697	0.080	2.400

续表

	G^h	Q3	$\overline{H}$
发达经济体	0.208	0.455	7.940
转型经济体	0.223	0.447	7.045

资料来源：A. Castelló, R. Doménech. Human Capital Inequality and Economic Growth: Some New Evidence [J]. The Economic Journal, 2002, 112 (2): 187–200.

三、人力资本分布、比较优势与贸易模式：以中国和印度为例

本节以两个人口众多的发展中国家：中国和印度为例，对两国的人力资本分布现状、出口产品结构现状进行统计描述，在此基础上初步分析两者之间变化趋势的特征和规律。

中国和印度虽同为发展中大国和人口大国，然而两国的经济发展模式特别是国际贸易模式却有着明显的差异。中国自改革开放以来，重点发展第二产业，第一产业在国民经济总量中所占比重逐年下降，第二产业的增长构成了中国经济高速发展的主要动力。与中国相反，印度国民经济总量中第二产业占比远低于第三产业。就两国的经济发展水平而言，中国的经济自改革开放以来实现了高速增长，2018 年中国 GDP 总额达到 13.61 万亿美元（见表 4-10）。印度的经济自 20 世纪 80 年代以来同样以较快的速度增长，特别是 2000 年以来印度的经济增速进一步加快，2018 年印度 GDP 总额达到 2.73 亿美元。就人均 GDP 而言（见表 4-11），中国的人均 GDP 由 2000 年的 959 美元逐步增加至 2018 年的 9770 美元，印度的人均 GDP 由 2000 年的 443 美元增加至 2018 年的 2015 美元。2000 年以来中、印两国的人均 GDP 差额呈逐年扩大的趋势，表现为中国的人均 GDP 由印度人均 GDP 的 2.16 倍扩大到目前的 4.85 倍。

表 4-10　2000~2018 年中、印两国 GDP　　　　单位：万亿美元

国家＼年份	2000	2002	2004	2006	2008	2010	2012	2014	2016	2018
中国	1.21	1.47	1.96	2.75	4.59	6.09	8.53	10.44	11.14	13.61
印度	0.47	0.51	0.71	0.94	1.20	1.68	1.83	2.04	2.29	2.73

资料来源：世界银行数据库。

表 4-11　2000~2018 年中、印两国人均 GDP　　　单位：美元

年份\国家	2000	2002	2004	2006	2008	2010	2012	2014	2016	2018
中国	959	1148	1508	2099	3468	4550	6316	7651	8078	9770
印度	443	470	627	806	998	1357	1443	1573	1729	2015

资料来源：世界银行数据库。

在国际贸易领域，自 1978 年改革开放以来，中国通过降低进出口关税和非关税措施等手段加快推进贸易自由化，进出口额稳步增长。1990 年以来中国的出口增速加快，货物贸易总体由逆差转变为顺差。中国的出口增长主要靠工业制成品拉动，主要出口产品由轻纺产品逐步转向机电产品和高新技术产品。随着中国越来越深入参与到全球价值链分工体系中，中国出口产品中的中间品和零部件增长迅速，中国已经成为汇集了多种制造业产品价值链的"世界工厂"。印度的进出口产品中制造业出口额远低于中国，印度出口中的服务业占比高于中国。近年来，印度已经成长为全球重要的服务外包市场，其中承接的软件外包业务约占全球软件外包市场的 2/3。人力资源丰富、劳动力成本较低、英语普及、信息技术行业发展起步较早等优势被认为是印度服务业发展的主要原因。

（一）中印两国人力资本分布情况

首先，从人力资本存量上来看，表 4-12 显示中印两国 1990 年以来 15 岁以上人口的平均受教育年限均稳步增长，两国的人力资本存量呈上升态势。其次，中国的人力资本存量始终高于印度，中国 15 岁以上人口的平均受教育年限由 1990 年的 6.04 年提高至 2010 年的 7.95 年，印度由 3.45 年提高至 6.24 年。从人力资本存量上来看，中印两国的人力资本水平的差异不算很大。

表 4-12　中印两国 15 岁以上人口平均受教育年限　　　单位：年

年份\国家	1990	1995	2000	2005	2010
中国	6.04	6.79	7.38	7.69	7.95
印度	3.45	4.12	5.03	5.63	6.24

资料来源：www.barroandlee.com。

　　然而平均受教育年限仅能反映两国人力资本存量的平均值，为此我们将 15 岁以上人口的受教育程度划分为未上过学、接受中等教育和接受高等教育三类，用以刻画中印两国的人力资本分布情况。按照前文的分析，如果一国人口中接受了中等教育的人口占比相对较高，而另一国人口中接受了高等教育或者未接受教育人口的占比相对较高，那么相对而言前者的人力资本更具有同质性、分布较为集中，后者的人力资本更具有多样性、分布较为分散。图 4-3 和图 4-4 分别显示了 1990~2010 年中印两国的人力资本分布情况。可以看到，中国的人力资本分布较为集中，表现为接受了中等教育的人口占比最高且随着时间逐步提升。1990 年中国 15 岁以上人口中未上过学的人口占比为 22.2%，接受中等教育人口占比为 75.9%，接受高等教育人口占比为 1.9%。此后，随着中国政府对教育重视程度的提高，教育投入不断增加，未上过学人口逐年减少，接受中等和高等教育的人口占比则呈上升趋势。2010 年，中国 15 岁以上人口中未上过学人口占比下降为 5.4%，接受中等和高等教育的人口占比分别增至 90.2% 和 4.5%，较 1990 年水平分别增加了 14.3% 和 2.6%。与中国相比，印度人力资本分布相对分散，表现为未上过学的人口和接受了高等教育的人口占比较高。1990 年印度 15 岁以上人口中未上过学人口占比 51.6%，接受高等教育人口占比 4%，接受了中等教育的人口占比为 44.4%，远低于中国的水平。虽然印度接受中等教育的人口占比随时间呈上升趋势，到 2010 年占比已经达到 58.3%，但仍然远低于中国中等教育人口 90.2% 的占比水平。

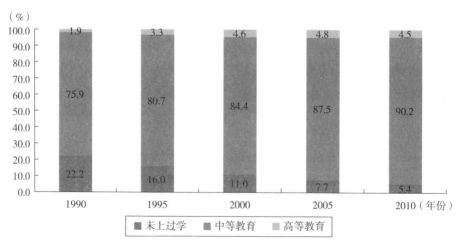

图 4-3　中国人力资本分布情况

资料来源：www.barroandlee.com。

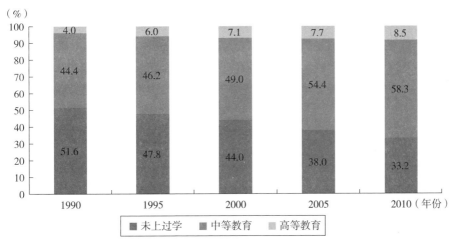

图 4-4 印度人力资本分布情况

资料来源：www. barroandlee. com。

表 4-13 显示了利用人力资本分布基尼系数、CV 指数和 MID 指数和 Bar-roandLee 数据库数据测度的中印两国人力资本分布水平。中国和印度的三项指数值印证了前文的结论：中国在 1990~2015 年的人力资本分布基尼系数和 CV 指数始终低于印度，表明相比而言，中国的人力资本分布更为均衡，而印度的人力资本分布相对更为不平均；中国的 MID 指数在考察时段内始终高于印度，说明中国接受中低等教育的人口占比较高，人力资本分布相对集中，而印度的人力资分布更为分散，表现为未接受教育和接受了高等教育的人口占比要高于中国水平。使用教育数据和人力资本分布度量指标分析得到的结论一致。此外，从两国各系数的变化趋势来看，中印两国的 Gini 系数和 CV 指数均随时间逐步降低，MID 指数则逐步提高，这表明两国的人力资本分布均呈现越来越均衡、越来越集中的趋势。

表 4-13 中印两国的人力资本分布测度[①]

年份＼类别	Gini 系数		CV 指数		MID 指数	
	中国	印度	中国	印度	中国	印度
1990	0. 31	0. 56	1. 12	2. 61	0. 42	0. 14
1995	0. 45	0. 52	0. 91	2. 43	0. 49	0. 16

① 李可爱. 劳动技能分布对国家比较优势的影响 [D]. 南开大学博士学位论文，2013. 2015 年指数值由作者计算得到。

续表

年份 \ 类别	Gini 系数		CV 指数		MID 指数	
	中国	印度	中国	印度	中国	印度
2000	0.42	0.48	0.77	2.31	0.55	0.17
2005	0.49	0.43	0.66	2.14	0.59	0.19
2010	0.48	0.39	0.59	2.06	0.61	0.20
2015	0.46	0.37	0.58	2.03	0.63	0.21

(二) 中印两国的贸易结构情况

接下来，我们考察中印两国的国际贸易情况。我们首先统计了中印两国的出口结构。图 4-5 和图 4-6 分别显示了中国和印度 2005 年以来的货物和服务贸易进出口情况。通过比较可以发现，中国出口产品集中在货物贸易领域，货物出口额由 2005 年的 6890 亿美元上升至 2018 年的 24867 亿美元，年均增速 11.3%；服务贸易出口额由 2005 年的 785 亿美元上升至 2018 年的 2668 亿美元，年均增速 10.9%。2005~2018 年中国货物和服务出口在总出口中所占比重变化不大，货物出口占比约为 90%，服务出口占比约为 10%。印度的出口结构与中国存在较大差异，表现为服务出口占比显著高于中国。2005 年印度货物和服务出口额分别为 1024 亿美元和 522 亿美元，占比分别为 66.2% 和 33.8%；2018 年的货物和服务出口额分别增长至 3225 亿美元和 2051 亿美元，占比分别为 61.1% 和 38.9%，服务贸易出口占比有所提升。比较两国的出口结构可以发现，中国在货物贸易领域的比较优势更为显著，而印度在服务贸易领域有着更强的国际竞争力。从进口结构和贸易余额上来看，中国的进口产品结构与出口类似，同样集中在货物贸易领域。2005 年中国货物进口额为 6600 亿美元，服务进口额为 840 亿美元，占比分别为 88.7% 和 11.3%。2018 年中国货物进口额为 21400 亿美元，服务进口额为 5250 亿美元，占比分别为 80.3% 和 19.7%。2018 年印度货物进口额为 7787 亿美元，服务进口额为 1766 亿美元，占比分别为 67.3% 和 32.7%。长期以来，中国利用丰裕的廉价劳动力资源出口大量制造业产品，贸易余额长期保持顺差。中国的货物贸易余额由 2005 年的 291 亿美元逐步扩大到 2018 年的 3467 亿美元。中国的服务进口额长期大于出口额，服务贸易逆差由 2005 年的 55 亿美元逐步扩大到 2018 年的 2582 亿美元。在考察时段内，印度的货物贸易逆差由 2005 年的 227 亿美元扩大到 2018 年的 4562 亿美元；服务贸易则由 2005 年存在 85 亿美元逆差转为 2018 年的 285 亿美元贸易顺差。中国和印度两国截然不同的贸易结构可能源自两国在劳动力人力资本分布上的差异。

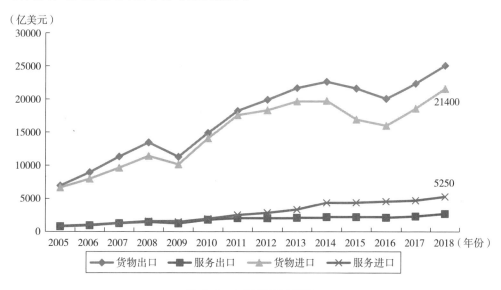

图 4-5 中国进出口结构

资料来源：联合国贸易和发展会议（UNCTAD）数据库。

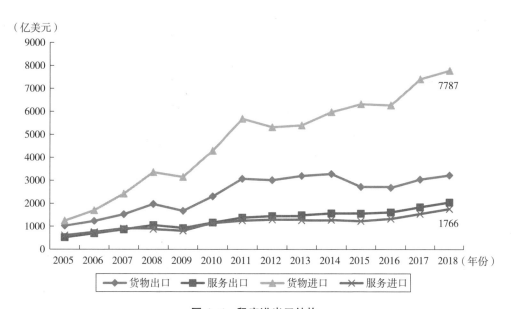

图 4-6 印度进出口结构

资料来源：联合国贸易和发展会议（UNCTAD）数据库。

　　具体地，在货物出口领域中印两国的主要出口产品也存在着明显的区别。表4-14和表4-15分别显示了1995～2018年中国和印度HS编码2位项下的主要出口产品类别、出口金额及在总出口中的占比情况。中国出口产品具有以下两个特点：一是电机、电气设备及其零件，录音机及放声机、电视图像、声音的录制和重放设备及其零件、附件（HS编码85章）为中国最主要的出口产品类别，且出口占比由1995年的12.77%逐步提升至2018年的26.14%，显示出中国在此类产品生产上的比较优势不断强化的特征。这类产品的共同特点是最终产品的生产过程包含多个环节，涉及多种零部件和中间品的分工生产，是典型的全球价值链产品且生产链条较长。二是针织或钩编的服装及衣着附件（HS61）、非针织或非钩编的服装及衣着附件（HS编码62章）也是中国主要的出口产品，但出口占比随时间有所下降。这些产品所属的纺织服装业是中国的传统优势产业，生产产品属于技术含量较低的劳动力密集型产品。近年来，随着劳动力成本的不断上升，中国在此类产品上的比较优势已经大不如前。印度的出口产品具有两个特点：一是印度主要出口产品为原材料密集型产品。1995～2018年，天然或养殖珍珠、宝石或半宝石、贵金属、包贵金属及其制品，仿首饰，硬币（HS编码71章）一直是印度最主要的出口产品，矿物燃料、矿物油及其蒸馏产品，沥青物质，矿物蜡（HS编码27章）也是印度主要的出口产品。以上两类产品的出口主要利用了一国在相关原材料上的资源禀赋优势，对劳动力的人力资本水平要求较低。二是2005年以前印度出口了较多的纺织服装业产品，例如非针织或非钩编的服装及衣着附件（HS编码62章）。2005年以后印度出口了越来越多的汽车行业产品，例如车辆及其零件、附件，但铁道及电车道车辆除外（HS编码87章）。与纺织服装业产品相比，汽车行业产品的生产环节更多，生产链更长，对劳动力的人力资本含量的要求相对也更高。

表4-14　1995～2018年中国主要出口产品

年份	HS 编码	产品类别	出口金额（亿美元）	出口占比（%）
1995	85	电机、电气设备及其零件；录音机及放声机、电视图像、声音的录制和重放设备及其零件、附件	189.97	12.77
	62	非针织或非钩编的服装及衣着附件	143.45	9.64
	84	核反应堆、锅炉、机器、机械器具及其零件	86.71	5.83
	61	针织或钩编的服装及衣着附件	69.37	4.66
	64	鞋靴、护腿和类似品及其零件	66.62	4.48

续表

年份	HS 编码	产品类别	出口金额（亿美元）	出口占比（%）
2005	85	电机、电气设备及其零件；录音机及放声机、电视图像、声音的录制和重放设备及其零件、附件	460.67	18.49
	84	核反应堆、锅炉、机器、机械器具及其零件	268.18	10.76
	62	非针织或非钩编的服装及衣着附件	188.65	7.57
	61	针织或钩编的服装及衣着附件	134.24	5.39
	64	鞋靴、护腿和类似品及其零件	98.50	3.95
2010	85	电机、电气设备及其零件；录音机及放声机、电视图像、声音的录制和重放设备及其零件、附件	1723.14	22.62
	84	核反应堆、锅炉、机器、机械器具及其零件	1496.94	19.65
	62	非针织或非钩编的服装及衣着附件	350.31	4.60
	61	针织或钩编的服装及衣着附件	308.71	4.05
	90	光学、照相、电影、计量、检验、医疗或外科用仪器及设备、精密仪器及设备；上述物品的零件、附件	254.79	3.34
2015	85	电机、电气设备及其零件；录音机及放声机、电视图像、声音的录制和重放设备及其零件、附件	3887.55	24.64
	84	核反应堆、锅炉、机器、机械器具及其零件	3098.14	19.64
	61	针织或钩编的服装及衣着附件	667.11	4.23
	62	非针织或非钩编的服装及衣着附件	543.61	3.45
	90	光学、照相、电影、计量、检验、医疗或外科用仪器及设备、精密仪器及设备；上述物品的零件、附件	521.10	3.30
2018	85	电机、电气设备及其零件；录音机及放声机、电视图像、声音的录制和重放设备及其零件、附件	5943.25	26.14
	84	核反应堆、锅炉、机器、机械器具及其零件	3642.76	16.02
	94	家具；寝具、褥垫、弹簧床垫、软坐垫及类似的填充制品；未列名灯具及照明装置；发光标志、发光铭牌及类似品；活动房屋	985.31	4.33
	61	针织或钩编的服装及衣着附件	837.86	3.69
	62	非针织或非钩编的服装及衣着附件	784.40	3.45

资料来源：联合国商品贸易统计（UN comtrade）数据库。

表4-15 1995~2018年印度主要出口产品

年份	HS 编码	产品类别	出口金额（亿美元）	出口占比（%）
1995	71	天然或养殖珍珠、宝石或半宝石、贵金属、包贵金属及其制品；仿首饰；硬币	52.74	16.64
	62	非针织或非钩编的服装及衣着附件	26.95	8.50
	52	棉花	19.87	6.27
	10	谷物	14.76	4.66
	3	鱼、甲壳动物、软体动物及其他水生无脊椎动物	9.98	3.15
2005	71	天然或养殖珍珠、宝石或半宝石、贵金属、包贵金属及其制品；仿首饰；硬币	78.13	18.44
	62	非针织或非钩编的服装及衣着附件	37.40	8.83
	52	棉花	22.89	5.4
	61	针织或钩编的服装及衣着附件	17.25	4.07
	29	有机化学品	16.17	3.82
2010	71	天然或养殖珍珠、宝石或半宝石、贵金属、包贵金属及其制品；仿首饰；硬币	161.45	16.09
	27	矿物燃料、矿物油及其蒸馏产品；沥青物质；矿物蜡	104.98	10.46
	62	非针织或非钩编的服装及衣着附件	50.76	5.06
	26	矿砂、矿渣及矿灰	48.51	4.83
	29	有机化学品	44.43	4.43
2015	27	矿物燃料、矿物油及其蒸馏产品；沥青物质；矿物蜡	379.84	17.23
	71	天然或养殖珍珠、宝石或半宝石、贵金属、包贵金属及其制品；仿首饰；硬币	324.65	14.73
	87	车辆及其零件、附件，但铁道及电车道车辆除外	92.86	4.21
	85	电机、电气设备及其零件；录音机及放声机、电视图像、声音的录制和重放设备及其零件、附件	87.06	3.95
	29	有机化学品	85.93	3.9

续表

年份	HS 编码	产品类别	出口金额（亿美元）	出口占比（%）
2018	71	天然或养殖珍珠、宝石或半宝石、贵金属、包贵金属及其制品；仿首饰；硬币	384.88	14.56
	27	矿物燃料、矿物油及其蒸馏产品；沥青物质；矿物蜡	313.94	11.87
	87	车辆及其零件、附件，但铁道及电车道车辆除外	140.82	5.33
	84	核反应堆、锅炉、机器、机械器具及其零件	132.31	5.00
	30	药品	125.45	4.74

资料来源：联合国（Comtrade）数据库。

综合以上分析，中印两国人力资本分布与贸易模式之间的关系主要有以下三个特征。

第一，中印两国同属发展中国家和人口大国，目前两国在人力资本存量上的差异并不显著，中国劳动人口的平均受教育年限略高于印度。然而两国在人力资本分布上的差异相当大：表现为中国接受中低等教育的人口占比较高，人力资本分布相对集中；而印度的人力资分布更为分散，表现为未接受教育和接受了高等教育的人口占比显著高于中国。中印两国的出口产品结构存在很大差异，这种差异可能与两国的人力资本分布差异有关。

第二，人力资本分布较为集中的中国出口产品以货物为主，人力资本分布较为分散的印度出口产品中服务业占比相对较高。这一特征符合现有结论，即人力资本集中的国家在技术互补性强的制造业产品上具有比较优势，人力资本分布分散的国家则在技术互补性较弱的行业产品上具有比较优势。印度服务业出口以软件服务业为主，该产业属于高科技行业，对个体劳动力的人力资本水平要求较高。

第三，中国的货物出口以全球价值链产品为主，这些产品具有生产环节较多、生产链较长等特点；印度的货物出口以资源密集型产品为主，近年来越来越多出口劳动力密集型产品。这一特征印证了 Asuyama（2012）的研究结论，即人力资本分布集中的国家在生产链条较长的行业产品上具有比较优势，人力资本分布分散的国家在生产链条较短的行业产品上具有比较优势。

与追求人力资本存量提高不同，人力资本分布的集中或分散本身并无优劣之分。鉴于人力资本的分布是影响一国比较优势乃至贸易模式的因素，一国政府和

有关部门可以通过适当地调整甚至改革教育体系和课程设置，改变人力资本分布情况从而培育新的比较优势。当前，中国的人力资本分布较为集中，表现为接受了中等教育的劳动人口占比较高。这一现状与中国的教育体制密不可分。中国自1986 年开始施行《中华人民共和国义务教育法》以来，规定了儿童在基础教育阶段接受九年义务教育的基本权利。此外，中国于1982 年将计划生育政策确定为一项基本国策，提倡一对夫妻生育一个孩子的独生子女政策，直到2016 年开始全面实施一对夫妇可生育两个孩子的人口政策才终止了独生子女政策。少子化使中国家庭更有能力也更倾向于投资子女教育。因此，中国的劳动人口受教育程度迅速提高。通过前文的分析我们看到，与同为发展中人口大国的印度相比，中国的文盲率更低、平均受教育年限更长。然而，中国的基础教育过于重视考试成绩和对应试能力的培养。中国社会广为流传"学好数理化，走遍天下都不怕"这样的说法就是一种应试教育观念的体现。教育过程中对个人综合素质的培养和开发较为欠缺。相比之下，虽然印度未上过学人口在总人口中所占比例更高，但高等教育水平较高且接受了高等教育的人口在总人口中所占比例也更高。当前，中国经济发展进入新常态，中国政府大力发展高端装备制造业、信息产业、生物产业、新能源、新能源汽车、节能环保产业、新材料等新兴产业，对高技能人才的需要更为迫切。在国际贸易领域，要想在分工交换中获取更多的利益就需要向全球价值链的高端攀升，位于价值链上游的研究开发、管理、服务业等均对劳动力的技能水平有着较高的要求。因此，一方面中国需要进一步提升高等教育水平，另一方面也可以广泛借鉴发达国家的人才培养模式，增强教育的灵活性和多样性，引进更多的办学主体和办学方式，鼓励创造创新，培养更多的高端人才和多样化人才，增强人力资本的多样性。

本章小结

本章我们考察了人力资本对国际贸易的影响。首先对人力资本影响经济增长和国际贸易的作用机制进行理论分析，并介绍了目前常见的人力资本度量方法和指标。在此基础上，我们利用多国面板数据研究发现，发展中国家的人力资本存量与全球价值链分工地位显著正相关，即劳动人口的平均受教育年限越长，对一国在全球价值链上的分工地位越有利。本章第三节我们以中国和印度两个人口众多的发展中大国为例分析了人力资本分布对两国贸易模式的影响。中国和印度的人力资本存量差距不大，中国劳动人口的平均受教育年限略高于印度，但两国的出口产品结构存在很大差异，这种差异可能与两国的人力资本分布差异有关，主要表现为人力资本分布较为集中的中国出口产品中以货物业为主，人力资本分布较为分散的印度出口产品中服务业占比相对较高。

　　本章的研究结论具有以下四点政策启示：一是包括中国在内的广大发展中国家应加速人力资本积累。政府及相关部门应进一步加大财政教育投资，同时促进民间教育的投资以弥补政府教育投资的不足。二是人力资本是技术进步的关键投入品，而技术进步是实现长期经济增长的动力所在。我国应重视高技术专业人才的培养，注重对科研机构和人才的支持，为技术进步提供良好的人力资本基础。三是积极调整人力资本投资的结构变化和分布。中国政府可以从调整教育投资结构的视角出发，加强对职业教育、农村教育的投入比重，促进人力资本结构的高级化和人力资本分布的多样化。四是改革开放 40 多年以来，我国主要是利用丰裕的廉价劳动力这一比较优势参与国际分工，然而比较优势存在动态变化，我国的劳动力比较优势不可能持续地拥有国际竞争力。提高劳动力的人力资本水平是建立新的比较优势的关键。人力资本存量的提高和人力资本结构升级有助于我国贸易结构的改善与升级。

第五章

人口老龄化、人力资本与贸易模式

第一节　人口老龄化影响贸易模式的理论分析与典型事实

在过去几十年间，世界多数国家的人口年龄结构都趋于老龄化。根据世界银行统计数据，全球人口在 2018 年底达到 75.79 亿，其中，65 岁以上人口为 7.05 亿，占比 9.3%。预计到 2050 年这一比例将达到 16%，人口老龄化正在成为一个全球性的问题。人口老龄化的加剧将减少一国的劳动力供给。根据国际贸易理论中的要素禀赋论，在生产产品技术水平相同的前提下，各国生产成本的价格差异来自产品生产成本的差异，这种成本差异来自产品生产过程中使用的生产要素的价格差别，而生产要素的价格差异则由各国生产要素的相对丰裕程度决定，即国家间要素禀赋上的差异是比较优势的来源。不同的人口老龄化水平将改变各国劳动力要素的相对丰裕程度，一国由劳动力相对丰裕转为相对稀缺将导致该国逐渐丧失在劳动密集型产品上的比较优势，进而影响一国的贸易模式。本节我们将对人口老龄化影响国际贸易进行理论分析与典型事实阐述。

一、人口老龄化与劳动力市场

人口老龄化主要通过对一国的劳动力市场施加影响进而作用于国际贸易。人口老龄化导致的劳动人口总量和结构的变化将对一国的劳动力供给和就业市场产生深刻而长远的影响。

首先，从人口老龄化对劳动人口总量的影响上来看，当一国的人口结构从

"高出生率、低死亡率、高自然增长率"向"低出生率、低死亡率、低自然增长率"转型时，该国将经历一种少年儿童和老年人口占比低、劳动年龄人口占比高的人口结构，学界将这一阶段称为"人口窗口期"或"人口红利期"。中国自改革开放以来，人口红利对经济增长的推动作用很大。蔡昉、王德文（1999）指出，1978~1998年中国经济增长的21%可以归功于人口的作用。然而，表5-1显示中国劳动年龄人口占世界劳动年龄人口的比例在不断下降。2010~2050年，中国劳动年龄人口占世界劳动年龄人口的比例大概由21.45%下降至13.42%。这意味着随着中国人口老龄化的加速推进，中国劳动年龄人口及在总人口中所占比例将逐步下降。人口红利期由于劳动力占比高，人口抚养比低，充沛的劳动力供给和较高的储蓄率将对生产活动和经济增长产生额外的促进作用。受到人口老龄化的影响，劳动年龄人口在达到最大值后开始下降，老年抚养比逐渐上升，人口红利将不断衰减甚至消失。人口老龄化通过改变劳动力供给进而改变一国的人口红利和要素禀赋。

表5-1　2010~2050年中国和部分国家劳动年龄人口占世界劳动年龄人口比例变动

年份 \ 类别	世界劳动年龄人口（万人）	中国预测1（%）	中国预测2（%）	印度（%）	巴西（%）	俄罗斯（%）	美国（%）
2010	452485	21.72	21.45	17.45	2.91	2.28	4.59
2015	480441	20.75	20.73	17.92	2.91	2.08	4.41
2020	503178	19.71	19.65	18.34	2.91	1.89	4.29
2025	524860	18.69	18.7	18.70	2.85	1.74	4.16
2030	543804	17.51	17.65	19.02	2.77	1.63	4.06
2035	558567	16.03	16.29	19.30	2.69	1.57	4.04
2040	570703	14.62	15.04	19.48	2.61	1.48	4.05
2045	581897	13.58	14.25	19.47	2.50	1.39	4.08
2050	588781	12.52	13.42	19.41	2.38	1.29	4.11

资料来源：田雪原. 人口老龄化与中等收入陷阱［M］. 北京：社会科学文献出版社，2013.

其次，人口老龄化也对劳动人口的年龄结构施加影响，劳动力老龄化现象不容忽视。联合国国际劳工组织将45~64岁的劳动年龄人口称为高龄劳动年龄人口。人口老龄化将导致劳动年龄人口中的高龄劳动人口占比逐渐提高。根据田雪原等（2013）的研究，未来中国高龄劳动人口占全部劳动年龄人口的比例不断提高，由2000年的27.2%升高到2030年的42.5%，2050年进一步升高到47.5%，几乎占到全部劳动年龄人口的一半。武康平、张永亮（2018）指出，随着年龄的增长个人技能会发生改变，一些技能如表达和语言能力会随着年龄的提高而提高，而记忆能力、信息加工速度、多重任务处理能力则和体力一样，会随着年龄提高而下降。因此可以将劳动力所具备的技能划分为"年龄升值型技能"（Age-appreciating Skill）和"年龄贬值型技能"（Age-depreciating Skill）；前者可包含写作或者口头表达能力等，后者可包含注意力、协调能力、反应速度等（Cai & Stoyanov，2016）。劳动人口的老龄化因此将改变劳动力市场上的技能结构，并对一国的贸易结构和产业结构产生深远影响。

人口老龄化的推进将直接导致劳动力市场上的供求关系发生改变，主要表现为劳动年龄人口数量和在总人口中所占比重增速放缓甚至停滞。具体地，人口老龄化通过影响劳动参与率和劳动力成本对劳动力供给产生影响。

（一）人口老龄化与劳动参与率

劳动参与率是指经济活动人口占劳动适龄人口的比例。劳动参与率与劳动力供给密切相关。劳动力人口是失业人口与就业人口的总和。劳动参与率由个人在工作获得收入与享受闲暇之间选择而决定（蔡昉、王美艳，2004）。一方面，当个人收入提高时，人们将更倾向于享受闲暇从而降低劳动供给；另一方面，当工资率提高时，享受闲暇的机会成本提高，人们倾向于减少休闲从而提升劳动供给。

在全球范围内，劳动参与率与GDP之间的变化趋势呈U形。当一国收入水平较低时，劳动参与率较高，这是由于低收入国家的劳动力需要通过就业维持生计。相反，当一国的收入水平较高时，享受闲暇的机会成本提高，较高的工资率激励劳动人口参与就业，劳动参与率因此较高。相比之下，中等收入国家的劳动参与率较低。

人口老龄化对劳动力参与率同时存在正负两方面的影响。从负面影响上来看，一部分老年人口按照制度将在一定年龄退出劳动力市场，还有一部分老年人由于劳动能力随年龄下降甚至失去劳动能力从而被迫退出劳动力市场。伴随人口老龄化的发展，这两部分老年人口在总人口中所占比例上升，减少了老年人口的劳动力供给，从而造成劳动参与率的下降。此外，随着高龄人口的不断增加，中青年劳动力需要承担的照料家庭中失能老人的任务加重（蒋承等，2009）。周祝平、刘海斌（2016）指出，老龄化的初始阶段可能对中青年劳动力的劳动供给时间的"挤出效应"较小，而随着老龄化的继续推进，高龄化和失能化并存，将造成越来越大的"挤出效应"，对劳动力参与率产生负向影响。从正面影响上来看，主要在于伴随平均寿命的提高，老年人倾向于增加或延长工作时间从而获得更多的劳动收入用以支付养老开支，这将使社会上的劳动力供给提高。陶涛等（2019）通过跨时间比较中国、法国、日本等9个国家步入老龄化社会后的发展路径发现，尽管多数国家男性劳动参与率随老龄化水平上升而下降，但部分国家的老龄化显著促进了女性劳动参与率的提升。

针对中国人口老龄化对劳动参与率影响的实证研究大多得到人口老龄化不利于劳动参与率和劳动供给的结论。例如，彭秀健和 Fausten（2006）研究了中国人口老龄化，特别是劳动年龄人口老龄化对总劳动参与率从而对劳动力供给数量的影响。研究发现，第一，如果中国的总和生育率维持在现有水平不变，劳动年龄人口数量将于2015年以后出现负增长。第二，人口老龄化会通过"人口构成影响"减少劳动力供给，即使各年龄段劳动力的劳动参与率维持不变，由于低劳动参与率的老年人口比重提高，会导致总的劳动力供给数量减少。第三，年轻人口的劳动参与率，特别是15~19岁年龄组的劳动参与率可能进一步下降。这一变化将大幅度降低2020年以后中国有效的劳动力供给。郭瑜（2013）测算了1990~2015年中国各劳动年龄群组的劳动参与率，发现劳动参与率与年龄总体上成反比且近年来持续下降。从2000年开始，中国几乎所有年龄组的劳动参与率均在下降。蒋同明（2019）研究指出，我国的人口老龄化同时呈现劳动年龄人口老化与劳动参与率持续下降等特点。

（二）人口老龄化与劳动力成本

人口老龄化导致劳动力人口减少的一个直接结果是劳动力成本逐渐上升。在劳动力需求不发生变化的前提下，劳动供给的下降必将使劳动力价格上升，为此工资率将提升。随着工资率提高，与工资相关的税费、保险费等也将相应上升，从而大幅提升劳动力成本。表5-2显示了中国1995~2018年城镇单位就业人员平均工资情况。可以看到，1995~2018年就业人员的平均工资不断上涨，由5348元增加至82413元，年均增长率超过了10%。此外，农村剩余劳动力的收入增加速度更快于城镇单位就业人员。近年来涌现的"民工荒""招工难"等现象均反映出中国劳动力短缺导致劳动力成本快速上升的现实。众所周知，中国的出口贸易的比较优势主要来自丰裕的廉价劳动力资源，随着人口老龄化导致劳动供给降低劳动力成本上升，中国在劳动力密集型行业的国际竞争力下降，相关部门的出口贸易面临挑战。

劳动力成本的上升不仅体现为工资率上升，还体现在各类养老、保险费等社会保障费用的提高。从企业的角度来看，雇用劳动力除了需要支付工资之外，还包括养老保险、失业保险、基本医疗保险等开支。因此，劳动工资率上升将导致企业需要负担的劳动力成本大大提高。

表 5-2　1995~2018 年中国城镇单位就业人员平均工资　　　单位：元

年份 \ 单位	合计	国有单位	集体单位	其他单位
1995	5348	5500	5553	3934
2000	9333	9371	9441	6241
2005	18200	18364	18978	11176
2010	36539	37147	38359	24010
2011	41799	42452	43483	28791
2012	46769	47593	48357	33784
2013	51483	52388	52657	38905
2014	56360	57361	57296	42742
2015	62029	63241	65296	46607
2016	67569	68993	72538	50527
2017	74318	76121	81114	55243
2018	82413	84744	89474	60664

资料来源：1995~2018 年《中国统计年鉴》。

人口老龄化带来的劳动力成本上升将直接影响中国的贸易比较优势。长期以来，中国利用充裕的廉价劳动力资源，参与分工生产劳动力密集型产品，成为全球出口大国。较低的劳动力成本使中国企业出口的产品在国际市场上具有显著的价格优势。近年来，中国的劳动力密集型产品出口面临着前所未有的挑战。其中，劳动力成本的快速上升成为各界关注的焦点问题。根据国际劳工组织（International Labour Organization，ILO）的数据，中国制造业人工成本从 2000 年的 0.71 美元/小时增至 2013 年的 3.98 美元/小时，十多年间小时人工成本增长了约 4.6 倍，年均增速为 15.4%。比较而言，马来西亚、菲律宾等东南亚国家的劳动力工资增长则比较缓慢。中国劳动力成本的上涨幅度的绝对水平超越多个东南亚国家，尽管中国劳动生产率也在不断提升，但中国出口产品的成本优势在逐渐消失是一个不争的事实。

劳动力价格由劳动市场上的供求关系共同决定。当需求一定时，降低劳动供给将提升劳动力价格。人口老龄化使劳动年龄人口所占比重和数量逐渐下降，从而减少劳动力供给。虽然当前中国劳动力仍具有绝对数量优势，但近年来劳动力价格的上涨与人口结构快速老龄化的趋势在同时发生。与中国相比，劳动力成本维持稳定的东南亚国家的人口老龄化程度维持在一个较低的水平。由表5-3可知，中国在20世纪90年代的总和生育率已经低于2.1，开始进入老龄化社会，东南亚地区的马来西亚、印度尼西亚和菲律宾等国至今尚未进入老龄化社会。较低的老龄化程度有助于确保各国具有充足的劳动力供给和较低的劳动力价格。这也是近年来越来越多的劳动力密集型企业选择在东南亚国家投资设厂的原因所在。

表5-3 中国、马来西亚、印度尼西亚、菲律宾总和生育率

国家 \ 年份	1975～1980	1990～1995	2005～2010	2010～2015
中国	3.00	1.90	1.58	1.60
马来西亚	4.20	3.44	2.22	2.11
印度尼西亚	4.73	2.90	2.50	2.45
菲律宾	5.46	4.14	3.30	3.05

资料来源：United Nations（Population Division，Department of Economics and Social Affairs），World Population Prospects，The 2017 Revision.

二、人口老龄化与国际贸易

（一）人口老龄化对国际收支的影响

人口老龄化和少子化将对一个经济体的人口年龄结构产生深刻影响并直接改变劳动力供给情况，进而影响经济体的要素禀赋和贸易模式。中国的出口导向型增长模式就是由国内大量的劳动人口特别是农村剩余劳动力决定的，而人口老龄化将削弱中国的劳动力比较优势（姚洋、余淼杰，2009；田巍等，2013）。

　　新古典贸易理论即要素禀赋论从各国要素禀赋的丰裕程度出发对国际贸易进行了解释。按照理论的基本观点，两个国家在技术水平相同的前提下，两种生产要素资本和劳动的相对丰裕程度引起两种生产要素价格的差异，从而导致生产产品成本和价格的差异。因此，一国在生产密集使用本国丰裕要素产品时生产成本较低，而在生产密集使用本国稀缺要素时价格较高，从而构成了一国开展国际分工和交换的基础。当一国的要素丰裕度发生变化时，该国的贸易模式和在国际分工中的地位也将发生变化。林毅夫（2012）指出，一个经济体的产业结构和出口比较优势内生决定于该时点上劳动力和资本相对充裕度。劳动力的充裕程度由一国的人口年龄结构决定。人口老龄化在很大程度上造成了全社会有效劳动力供给数量规模的绝对下降，进而从供求关系上弱化了一国制造业部门的低成本优势。按照一般的经济规律，劳动力供给数量的下降必将导致劳动力报酬的提高，劳动成本相应增加，因此，人口老龄化所带来的有效劳动力供给下降，会从基础上削弱一国制造业部门的低成本出口竞争优势（张杰、何晔，2014）。相关实证研究方面，国内外学者主要对人口年龄结构与经常账户余额或净贸易额之间的关系进行分析。例如，Chinn 等（2003）利用 89 个国家 1971～1995 年数据进行回归，结果显示人口抚养比与经常账户显著负相关。王仁言（2003）指出，中国人口抚养比低、青壮年人口比重上升的人口结构使得劳动力供给十分充裕，强化了劳动力成本低的优势，促进了出口增长。汪伟（2012）构建一个开放经济三期世代交替模型讨论了人口结构变化对中国经常账户余额的影响，并运用中国1993～2009 年省级面板数据进行了实证，发现人口老龄化会对经常账户余额产生负向影响。

　　人口老龄化也通过影响投资、消费和储蓄对国际贸易产生影响。根据生命周期理论，人们在工作时储蓄以维持老年时的消费。微观个体一生的储蓄通常随着年龄增长呈先上升后下降的趋势。Coale 和 Hoover（1958）提出"抚养负担假说"（The Dependency Hypothesis），他们认为高抚养负担会降低储蓄率，造成消费过高，不得不依靠外部资本流入，从而造成经常项目逆差。由于经常账户差额等于储蓄与投资之差，因此，人口结构变化对经常账户的影响取决于对一国国内储蓄与投资的净效应。式（5-1）为国民收入恒等式，其中，C、S、G、M 和 X分别表示消费、储蓄、政府采购、进口和出口，NX 表示净出口。在一个开放经济体中，老年人口的增加通常会降低储蓄率，从而对经常账户余额产生负面影响。

$$Y = C + S + G + M = C + I + G + X \qquad (5\text{-}1)$$

$$S - I = X - M = NX \qquad (5\text{-}2)$$

也有学者指出，人口年龄结构的变化对经济的影响存在时滞。随着人口老龄化的推进，人口抚养比势必上升，然而储蓄率并不会迅速下降。姚洋、张杰（2009）指出，中国的低人口抚养比使得储蓄率很高而消费较低，这使投资扮演着比消费更重要的角色，中国不得不将大量商品远销海外以解决国内过剩的供给。此外，大量的农村人口和低城市化率能够确保中国大量的劳动力供给和工资收入缓慢增长，中国出口导向模式将持续到 2025 年左右。

（二）人口老龄化对贸易模式的影响

人口老龄化除了对国际贸易的总量产生影响，也将改变一国的进出口产品模式。两个国家即使技术水平和劳动人口数量都相同，只要人口年龄结构存在差异，两国就存在贸易的基础。具体地，人口老龄化使一国的劳动力要素变得相对稀缺和昂贵，资本要素变得相对充裕和廉价。该国劳动力密集型产品的相对价格提高，资本密集型产品的相对价格降低，这将促使该国的比较优势转向资本密集型产品。根据赫克歇尔-俄林定理的预测，人口老龄化程度高的国家将出口资本密集型商品，人口老龄化程度低的国家将出口劳动密集型商品（Sayan，2005；Naito & Zhao，2009）。也有学者指出，人口老龄化会对国际贸易结构产生两种截然相反的影响：一方面，根据雷布津斯基定理，劳动力要素的减少将导致一国生产相对更多的资本密集型产品；另一方面，人口老龄化倾向于降低储蓄率，从而减少国内资本供给，最终减少资本密集型产品的出口（Yakitn，2012）。

人口老龄化将导致一国高龄劳动力在全部劳动力中所占比例提高，即劳动力出现老龄化。由于劳动力具备多种技能，一些是随着年龄的增加而提高的年龄增值型技能，另一些是随着年龄的增加而下降的年龄贬值型技能。根据要素禀赋论的思想，如果一国老龄化程度越高，那么年龄升值型技能要素则更充裕，该国密集使用年龄升值型要素的行业倾向于扩大生产并出口，而进口密集使用年龄贬值型要素的行业产品（Cai & Stoyanov，2016）。此外，劳动力可能同时具备两种不同的年龄依赖型要素，此时劳动力选择从事进入能够给他带来更高回报的工作。在劳动力不能充分流动的条件下，各行业、每个行业内部的年龄依赖型要素禀赋将同样符合该二元正态分布，同时具备的两种技能将一起决定着劳动者的收入分布。此时，一方面存在生产率效应（Productivity Effect），即取决于年龄依赖型技能对工作的边际贡献；另一方面存在两技能选择效应（Two Attribute Selection Effect），也就是说即使年龄升值要素禀赋较高的工人在年龄升值型要素密集度更高的行业具有更高的边际生产率，但如果劳动者同时具备的两种年龄依赖型技能的相关系数足够小，将导致年龄贬值型要素禀赋非常低，那么也会拉低预期收入水平。此时，由劳动者"自选择"将产生就业行为的群分，进而导致行业层面产出份额和出口出现如上所述的相对变动（武康平，张永亮，2018）。具体地，人口老龄化对不同行业出口贸易的影响如表 5-4 所示。

表 5-4　年龄依赖型要素对不同行业出口贸易的影响

不同行业	年龄依赖型要素	对生产的边际影响	老龄化水平较低时		老龄化水平较高时	
			相对影响	市场份额	相对影响	市场份额
密集使用年龄贬值型要素的行业	年龄贬值型	正向的生产率效应	主导效应	生产增加，出口份额较高	次要效应	生产减少，出口份额较低
	年龄升值型	负向的技能间选择效应	次要效应		主导效应	
密集使用年龄升值型要素的行业	年龄贬值型	负向的技能间选择效应	主导效应	生产减少，出口份额较低	次要效应	生产增加，出口份额较高
	年龄升值型	正向的生产率效应	次要效应		主导效应	

资料来源：武康平，张永亮. 老龄化趋势下年龄依赖型要素对比较优势的影响——来自中国的经验研究 [J]. 经济学报，2018（6）：63-93.

（三）人口老龄化、人力资本与比较优势

人口老龄化对比较优势的影响是比较复杂的，这主要是因为人口年龄结构的变化直接作用于一国的劳动力要素禀赋以及资本劳动的相对比例，从而影响贸易总量与结构。与此同时，人口老龄化也对人力资本产生影响。相关研究已经证实了人力资本和国际贸易之间存在的互为因果关系：一方面，国家间人力资本存量的差异是开展国际贸易的基础，人力资本相对丰富的国家将出口人力资本密集型商品，进口其他要素密集型商品。另一方面，国际贸易通过影响劳动力就业的机会成本和预期收益作用于人力资本投资。人口老龄化和人力资本作为衡量人口数量和质量的两个变量同时对一国的比较优势产生影响。其中，人口老龄化对人力资本的影响又是多方面的，既有积极影响又有消极影响。

Becker（1960）指出，人口数量和人口质量之间存在替代效应。假定家庭生育决策取决于家庭效用函数最大化，而效用函数最大化取决于孩子的数量和质量两方面，两者之间存在替代关系。Hanushek（1992）认为，家庭效用函数的最大化不仅取决于孩子数量和质量，而且还受到家庭预算约束和时间约束，家庭生育孩子的数量越多，则家庭收入和时间等资源越被稀释，能够分配到每个孩子身上

的时间和金钱等资源越有限，孩子能够获取的人力资本投资必然下降。人口老龄化主要表现为少儿抚养比的下降或老年抚养比提高。基于上述人口数量与质量的替代理论，少儿抚养比与人力资本投资应存在反向关系，即随着人口老龄化的推进，少儿抚养比的下降将促进家庭将更多的资源投入子女教育当中，一国的人力资本水平将因此提高。老年抚养比与人力资本之间的关系则更为复杂。根据生命周期理论，在资源有限的前提下，一方面，老年抚养比的提高将增加社会和家庭的负担从而挤占部分可以用于子女教育的投资，进而不利于人力资本投资；另一方面，老年人口占比提高将减少劳动力供给，在劳动力需求一定的情况下，劳动供给的减少将提高工资率，人力资本投资的未来收益提高，促使一国增加人力资本投资。

内生增长理论将人力资本视为经济增长的根本动力。人力资本投资是一国劳动生产率提升和技术进步的基础。技术进步作为比较优势的来源之一是促进一国国际贸易发展的重要因素。人口老龄化使高龄劳动人口在劳动人口中所占比例上升，从而提高了劳动人口的平均工作经验，丰富的工作经验通常有助于劳动生产率的提高。另外，劳动人口的老龄化将降低劳动力的学习和创新能力，从而不利于劳动生产率的提高。也有学者指出，人口老龄化对人力资本的影响分别存在短期和长期效应。从短期来看，青少年选择接受教育暂缓进入劳动力市场，减少了当前的劳动力供给从而对社会产生不利影响；从长期来看，接受更多教育的劳动力在进入劳动力市场后会更有利于提高劳动效率和生产能力，从而能够抵消人口老龄化带来的不利影响（王云多，2014，2017）。

第二节　人口老龄化影响贸易模式的实证分析

一、我国人口老龄化与贸易模式概况

图5-1显示了1997~2018年我国人口老龄化与使用不同指标刻画的出口贸易模式之间随时间变化的趋势特征。我们分别使用加工出口占总出口的比重、资本品出口占总出口的比重以及高科技产品出口占总出口的比重等多个指标来度量我国的出口贸易模式。中国在很长一段时间内主要通过加工贸易方式加入全球价值链分工生产体系。加工贸易是指企业进口了全部或者部分的原材料、零部件、

包装物料等，通过加工装配，将制成品再次出口的贸易活动。通常，加工贸易出口比一般贸易更加依赖进口中间投入，同时出口倾向也高于一般贸易。众多研究表明，与一般贸易相比，中国在加工贸易出口中能够获得的国内附加值较低。这主要是因为加工出口产品的核心零部件和中间品主要来自进口。因此，我们可以认为加工出口占比下降意味着中国出口获利能力有所提高，出口结构不断改善。资本品和高科技产品的附加值通常较劳动密集型产品更高，出口更多的资本品和高科技产品通常能够给出口国带来更多的贸易利益。如果中国的资本品或高科技产品出口份额随时间不断增加，那么我们可以认为中国的出口结构不断优化。

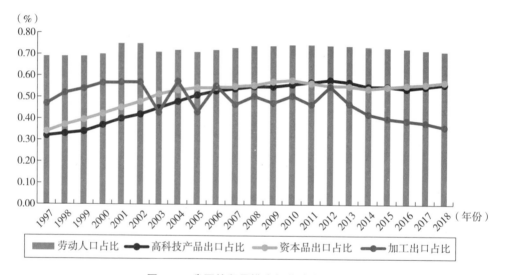

图 5-1 我国的贸易模式与劳动人口占比

　　我国加工贸易出口、资本品出口占比和高科技产品出口占比基本呈现随时间先上升后下降的趋势。其中，加工贸易由于高度依赖中间品和零部件进口，更容易受到国际经济的影响，出口占比波动较资本品和高科技产品出口占比的波动更大。与此同时，中国的人口老龄化也显示出类似的趋势。2010 年以前中国 15～64 岁劳动人口在总人口中所占比重呈波动上升趋势，2010 年以后则逐渐下降。图形分析初步显示中国的人口老龄化与出口结构之间存在同步变化趋势。中国的加工贸易出口主要是利用丰裕的廉价劳动力资源，劳动人口数量和占比的减少使劳动力价格上升从而不利于加工出口。资本品和高科技产品的出口占比与劳动人口占比的同步变化趋势则可能是因为中国出口的资本品和高科技产品的核心零部件主要源自进口，中国主要参与的是资本品和高科技产品生产的劳动力密集型环节。出口结构与人口老龄化之间是否存在因果关系？人口老龄化在多大程度上影响了中国的出口结构？这些问题需要通过实证检验得到答案。

二、人口老龄化对我国贸易模式的影响

（一）变量与数据

为了考察我国的出口贸易模式，我们利用中国细分贸易数据分别建立以下三个统计指标：

（1）加工贸易出口占比（Psexport）。使用历年中国加工贸易出口额占出口总额的比重来衡量。

（2）资本品出口占比（Cgexport）。使用历年中国资本品出口额占出口总额比重来衡量。按照常用的划分方法，我们将中国货物贸易出口按照 SITC 一位数分类的第 0~4 类作为初级产品，第 5、第 7 类作为资本密集型产品，第 6、第 8 类作为劳动密集型产品①。

（3）高科技产品出口占比（Htexport）。使用历年中国高科技产品出口额占出口总额的比重来衡量。经济合作与发展组织（OECD）根据产品生产中的研发开支占比以及产品附加值，将出口产品分为高技术产品、中高技术产品、中低技术产品和低技术产品四类。其中，高科技产品主要包括了飞机、电脑和药品等②。

人口老龄化使用中国 15~64 岁劳动年龄人口占总人口的比重来衡量。相关数据来自历年《中国人口和就业统计年鉴》。加工贸易出口、出口总额数据来自历年《中国统计年鉴》。资本品出口数据来自国家统计局网站。高科技产品出口数据来自 Wind 数据库。考虑到相关数据的可得性，我们使用中国 1997~2018 年共 22 年的时间序列数据。

（二）人口老龄化影响贸易模式的格兰杰因果检验

格兰杰因果检验的前提是两个时间序列变量都平稳，对变量的平稳性检验（ADF 检验结果见表 5-5）显示，虽然使用出口结构度量的贸易模式和人口老龄

---

①　SITC 一位数分类标准中的第 0~4 为初级产品、第 5~9 类为工业制成品。其中，第 5 类为化学品及有关产品，第 6 类为轻纺产品、橡胶制品矿冶产品及其制品，第 7 类为机械及运输设备，第 8 类为杂项制品，第 9 类为未分类的其他商品。

②　根据 OECD 的划分方法，高科技产品的 SITC 三位数分类的产品编码主要包括 525、541、542、716、718、751、752、759、764、771、774、776、792、871、874、881 和 891。

化均为非平稳序列，但使用加工贸易出口占比表示的出口结构变量和人口老龄化变量进行一阶差分后均变为平稳序列，因此，可以对一阶差分的人口老龄化和一阶差分的出口结构做格兰杰因果检验。

表5-5　出口结构与人口老龄化序列的平稳性检验

变量	检验类型	统计量	临界值
psexport	C，0	−3.533	−3.000（5%）
psexport	C，T，0	−5.264	−4.380（1%）
psexport	C，T，1	−2.145	−3.240
psexport	C，1	−0.593	−2.630
psexport	NC，0	−0.534	−1.600
cgexport	C，0	−5.358	−3.750（1%）
cgexport	C，T，0	−1.597	−3.240
cgexport	C，T，1	−1.812	−3.240
cgexport	C，1	−2.386	−2.630
cgexport	NC，0	2.550	−1.950（5%）
htexport	C，0	−2.996	−2.630
htexport	C，T，0	−1.493	−3.240
htexport	C，T，1	−1.839	−3.240
htexport	C，1	−2.430	−2.630
htexport	NC，0	0.935	−1.600
aging	C，0	−2.688	−2.630
aging	C，T，0	−2.804	−3.240
aging	C，T，1	−2.381	−3.240
aging	C，1	−2.541	−2.630
aging	NC，0	0.225	−1.600

注：①C、NC、T分别表示常数项、无常数项、时间趋势项，0、1表示采用的滞后阶数；②统计量采用t统计量，除临界值后表示标注外，表中临界值均在10%水平下得到。

格兰杰因果检验结果（见表5-6）显示，在滞后1~3期检验中，一阶差分的出口结构与一阶差分的人口老龄化之间在2期和3期都具有显著的因果关系，人口老龄化是出口结构的格兰杰原因，而反之不成立，即出口结构不是人口老龄化的格兰杰原因，从统计意义上来看，人口老龄化先于出口结构变化，人口老龄化包含更多对出口结构变化的预测信息。这一基本检验结果与 Sayan（2005）、Naito 和 Zhao（2009）、王有鑫（2014）的研究结论一致（见表5-7）。随着人口老龄化的推进，我国的比较优势出现动态演变，在加工出口环节上的劳动力成本优势逐渐削弱，加工贸易在总出口中所占的比重不断降低。人口老龄化与人力资本共同作用下对一国的贸易量与贸易模式产生了何种影响？人口老龄化背景下人力资本影响贸易模式作用机制如何？我们将在后文利用面板数据做进一步的实证检验。

表5-6　出口结构与人口老龄化一阶差分序列的平稳性检验

变量	检验类型	统计量	临界值
D_psexport	C, 0	−10.267	−2.630
D_psexport	C, T, 0	−10.713	−4.380
D_psexport	C, T, 1	−3.983	−3.600（5%）
D_psexport	C, 1	−3.797	−3.750
D_psexport	NC, 0	−10.378	−2.660
D_aging	C, 0	−5.461	−3.750
D_aging	C, T, 0	−5.533	−4.380
D_aging	C, T, 1	−3.863	−3.600（5%）
D_aging	C, 1	−3.659	−3.000（5%）
D_aging	NC, 0	−5.572	−2.660

注：①表中 D_psexport、D_aging 分别表示出口结构一阶差分、人口老龄化一阶差分；②C、NC、T 分别表示常数项、无常数项、时间趋势项，0、1 表示采用的滞后阶数；③统计量采用 t 统计量，除临界值后表示标注外，表中临界值均在 1% 水平下得到。

表5-7　人口老龄化与出口结构的格兰杰因果检验结果

T	H0（零假设条件）:	样本范围：1997~2016 年		
		N	F-统计量	概率
1	D_aging 不是 D_psexport 格兰杰原因	18	0.30	0.594
1	D_psexport 不是 D_aging 格兰杰原因	18	0.04	0.853

续表

		样本范围：1997~2016 年		
2	D_aging 不是 D_psexport 格兰杰原因	17	4.60	0.015
2	D_psexport 不是 D_aging 格兰杰原因	17	0.68	0.523
3	D_aging 不是 D_psexport 格兰杰原因	16	3.25	0.031
3	D_psexport 不是 D_aging 格兰杰原因	16	0.31	0.821

注：T 表示滞后期，N 表示样本数，D_aging、D_psexport 分别表示 aging、psexport 的一阶差分项。

第三节　人口老龄化、人力资本与我国出口：基于省级面板数据的检验

　　随着人口老龄化的加剧，一国的劳动力供给、劳动人口年龄结构和人力资本投资都将受到影响。人口老龄化的推进使得一国劳动年龄人口占比下降和劳动人口的平均年龄上升。长期以来，我国参与国际分工主要依赖的是廉价劳动力资源。老龄化的加剧意味着中国在劳动密集型产品上的比较优势逐步削弱。近年来，越来越多的跨国公司选择在东南亚国家投资设厂，一些原本设置在中国东部地区的企业也选择将劳动力密集型生产环节转移到海外。产业转移背后的一个主要原因是中国日趋昂贵的劳动力成本，人口老龄化造成的人口结构改变则是劳动力成本上升的一个重要推动力量。此外，出口产品的许多生产环节对劳动力存在体能要求，与年长的劳动人口相比企业更倾向于雇用年轻人。人口老龄化导致中国劳动人口的平均年龄不断上升，使外贸企业的雇佣难度加剧、劳动力成本进一步提高。

　　与此同时，人力资本投资的不断增加将提高一国的人力资本存量。在自由贸易条件下，人力资本存量更高的国家将出口人力资本密集型产品，此类产品通常具有更高的技术含量和附加值，从而增加贸易利益。现有研究指出，人口老龄化倾向于降低一国的出口贸易量，人力资本的增加则有利于一国提升出口竞争力从而增加出口。人口老龄化与人力资本共同作用下对一国出口的影响如何？这一问题的答案需要通过实证检验得到。为此，本节我们建立计量模型，利用中国省级面板数据考察人口老龄化与人力资本共同作用下对国际贸易的影响。

一、模型、变量与数据

为了考察人口老龄化与人力资本对国际贸易的影响，我们建立回归模型如下：

$$\ln EXP_{it} = \beta_0 + \beta_1 Aging_{it-3} + \beta_2 HC_{it} + \beta_3 Aging_{it-3} \times \tag{5-3}$$
$$HC_{it} + \beta_4 C_{it} + \beta_5 WTO_{it} + u_i + \varepsilon_{it}$$

其中，下标 i 表示省份，t 表示年份。被解释变量 EXP 为各省历年出口额，取对数形式。人口老龄化为主要考察的解释变量指标，我们使用老年抚养比（Old-age Dependency Ratio，ODR）来衡量各省历年的老龄化程度。由于人口老龄化是一个长期的变化趋势且存在一定的连续性，人口老龄化对出口贸易的影响可能存在滞后性，当年的出口增速可能与之前几年的人口老龄化程度相关。因此，在回归中我们使用老年抚养比的三期滞后项来进行检验。按照理论分析当我们使用老年抚养比度量人口老龄化时，β_1 的符号预计为负。HC 表示人力资本投资，人力资本投资包括教育和健康两部分。较高的教育人力资本存量可能有助于地区出口更多的高科技和高质量的产品，更好的健康人力资本水平可能有助于地区出口部门提高生产效率，而健康人力资本主要由医疗和卫生水平决定。因此，首先使用各省历年的人均教育财政支出的对数和人均卫生医疗财政支出的对数值作为人力资本的代理变量。根据理论分析，人力资本变量的估计系数预计为正。为了考察人口老龄化和人力资本共同作用下对国际贸易的影响，我们建立人口老龄化与人力资本的交互项，根据理论分析可知人口老龄化对人力资本同时存在正面和负面的影响，因此估计系数 β_3 的预期符号不确定。如果回归系数的符号为正，意味着人口老龄化促进了人力资本投资，在两者共同作用下出口将增加；如果符号为负，则表示人力资本投资对出口的正向影响被人口老龄化带来的负面影响所抵消。C 表示其他控制变量，用以考察在控制了其他影响因素后，人口老龄化对出口贸易的影响。我国在 2001 年加入 WTO 后，进出口额迅速增长。为了控制"入世"这一外生冲击，我们在模型中加入虚拟变量 WTO，在 2001 年以后取值为 1，否则为 0。u_i 表示无法观测的省份固定效应，ε_{it} 表示随机扰动项。

根据现有文献与研究经验，我们选取的控制变量包括人均收入（PCGDP）和外商直接投资（FDI），两者均取对数形式。人均收入快速上升的省份经济发展水平通常较好且对外开放程度较高，从而更有利于出口。此外，由于经济发展水平较高的地区往往能够吸引人口流入，流动人口通常为中青年劳动力，充足的劳动力供给为生产和出口提供了条件，因此，人均 GDP 变量的估计系数预计为正。对外直接投资更多的省份通常外资企业较多且较为活跃，在全球价值链生产体系中，跨国公司在全球范围内进行生产布局，利用各国的比较优势分工生产以降低成本，从而直接增加了东道国的出口量。此外，跨国公司往往掌握高新技术并具备先进的生产和管理体系，随着跨国公司在东道国的投资生产，技术外溢效应和示范效应将有助于东道国外贸企业的发展，有助于东道国外贸企业提高出口竞争力，因此 FDI 变量的估计系数预期为正。

实证模型使用所有数据来自历年《中国统计年鉴》，均以人民币计价。考虑到数据的可得性与我国老龄化进程，我们选择的时间段为 1997～2018 年，形成 22 年 31 个省级单位的面板数据。表 5-8 显示了各变量的统计描述情况。

表 5-8　变量的统计性描述

变量	观测值	均值	标准差	最小值	最大值
出口	682	15.4973	1.8599	10.34	19.86
老年抚养比	682	12.0159	2.7953	6.1	21.9
教育人力资本	682	6.2495	1.1413	4.06	8.82
总人力资本	682	6.5521	1.1924	4.34	9.16
人均 GDP	682	9.8281	0.9179	7.70	11.76
外商直接投资	682	5.4448	1.6764	0.69	9.78

二、实证结果分析

我们首先根据式（5-3）使用固定效应模型进行回归。由表 5-9 第（1）、第（3）列可知，人口老龄化变量的估计系数为负但并未通过显著性检验，表明在考察时段内人口老龄化并未显著地降低各省出口。一个可能的原因是虽然我国已经进入老龄化社会且老龄化的推进程度较快，但仍然具有相对丰裕的劳动力禀赋。根据国家统计局的统计数据，我国劳动年龄人口的总量在 2012 年达到峰值9.22 亿人后，增量由正转负进入总量减少阶段。到 2018 年为 8.97 亿人，仍保持近 9 亿人的规模，劳动力资源的绝对数量依然庞大。第（2）列可见，教育人力资本投资的估计系数为 0.2337，在 1% 水平上显著为正，显示人均教育财政投资的增加能够显著地促进出口。控制变量方面，人均 GDP 的估计系数显著为正，表明经济发展水平的提升有助于促进出口增加。FDI 的估计系数为正且在 1% 水平上显著，显示较多的对外直接投资能够促进各省增加出口。与预期一致，WTO

虚拟变量的估计系数显著为正。我国在"入世"后开放程度逐步提高，出口产品在数量和金额上都较"入世"前有着显著的提升。第（3）列中我们加入人口老龄化与教育人力资本的交互项，估计系数为 0.0215 且在 1% 水平上显著为正，显示人口老龄化与教育投资的交互效应显著促进了各省出口水平。

表 5-9　实证估计结果 1

变量	（1）	（2）	（3）	（4）
老年抚养比	-0.0146		-0.0124	-0.1597 ***
	(0.0098)		(0.0098)	(0.0347)
人均 GDP	0.8440 ***	0.5220 ***	0.5389 ***	0.5330 ***
	(0.0496)	(0.1472)	(0.1477)	(0.0871)
FDI	0.1437 ***	0.1323 ***	0.1382 ***	0.1052 **
	(0.0444)	(0.0441)	(0.0444)	(0.0444)
WTO	0.3522 ***	0.3236 ***	0.3321 ***	0.4026 ***
	(0.0473)	(0.0470)	(0.0475)	(0.0488)
教育人力资本		0.2337 **	0.2283 **	
		(0.1020)	(0.1021)	
交互项				0.0215 ***
				(0.0049)
常数项	6.7011 ***	8.4316 ***	8.3972 ***	10.1844 ***
	(0.3013)	(0.8221)	(0.8222)	(0.8483)
固定效应	有	有	有	有
样本量	682	682	682	682
R^2	0.9662	0.9668	0.9668	0.9676

注：**、*** 分别表示在 5%、1% 的水平上显著，括号内为标准误。

表 5-10 显示了使用总人力资本变量进行回归的估计结果。在同时考虑了教育和健康人力资本的情况下，老龄化、总人力资本投资、老龄化与总人力资本投资的交互项以及控制变量和虚拟变量的估计系数符号与显著性均没有出现很大变化，表明人口老龄化与人力资本影响我国出口的估计结果较为稳健。

表 5-10　实证估计结果 2

变量	（5）	（6）	（7）	（8）
老年抚养比	−0.0146		−0.0139	−0.1546***
	（0.0098）		（0.0098）	（0.0338）
人均 GDP	0.8440***	0.5352***	0.5405***	0.5450***
	（0.0496）	（0.1498）	（0.1497）	（0.0852）
FDI	0.1437***	0.1294***	0.1361***	0.1034**
	（0.0444）	（0.0441）	（0.0444）	（0.0444）
WTO	0.3522***	0.3383***	0.3477***	0.4161***
	（0.0473）	（0.0470）	（0.0474）	（0.0498）
总人力资本		0.2115**	0.2153**	
		（0.0983）	（0.0982）	
交互项				0.0195***
				（0.0045）
常数项	6.7011***	8.3771***	8.4140***	10.0744***
	（0.3013）	（0.8444）	（0.8441）	（0.8302）
固定效应	有	有	有	有
样本量	682	682	682	682
R^2	0.9662	0.9667	0.9668	0.9676

注：**、***分别表示在5%、1%的水平上显著，括号内为标准误。

实证回归结果表明，我国人口老龄化的演进尚未成为降低出口总量的因素。由于人口老龄化推进较快，自 2013 年开始中国劳动人口的绝对数量出现下降。同时由于大量的农村劳动力仍在不断地涌入城市，中国劳动力市场上的劳动力供给在目前这个阶段仍然比较充裕，老龄化对我国出口部门的负面影响尚不显著。增加教育财政投资和医疗卫生财政投资有助于我国人力资本的积累和提高，较高的人力资本存量能够促进生产技术进步、提高劳动力素质，进而提高出口产品的附加值和国际竞争力从而增加出口。人口老龄化加剧与人力资本投资增加同时作用于国际贸易并对出口产生显著的正面影响。

鉴于我国沿海和内陆地区人口老龄化的程度存在很大差别，人口老龄化与人力资本对出口的影响可能存在地区间差异。为此，我们将 31 个省级单位分为沿海和内陆两大地区①并进行分组回归。

表 5-11 显示了沿海地区的估计结果。与整体回归结果相比，沿海地区老年抚养比的估计系数为负且在 1% 水平上显著，显示沿海省份的人口老龄化已经对出口产生了显著的不利影响。教育和健康人力资本投资显著促进了出口增加。老龄化与人力资本投资交互项的估计系数为正，在 1% 水平上显著。人均 GDP、外商直接投资与"入世"虚拟变量的估计系数符号与显著性均与总体回归结果保持一致。表 5-12 显示了内陆地区的估计结果，以老年抚养比度量的人口老龄化变量回归系数并不显著，显示内陆地区的人口老龄化并未显著影响出口。

表 5-11　沿海地区估计结果

变量	（9）	（10）	（11）	（12）
老年抚养比	−0.0379 ***		−0.0388 ***	−0.0382 ***
	（0.0088）		（0.0085）	（0.0089）
人均 GDP	0.6483 ***	1.0834 ***	1.1328 ***	0.6651 ***
	（0.0578）	（0.1870）	（0.1791）	（0.1279）
FDI	0.2085 ***	0.1635 ***	0.1851 ***	0.1828 ***
	（0.0505）	（0.0506）	（0.0486）	（0.0535）
WTO	0.5330 ***	0.4600 ***	0.4801 ***	0.5053 ***
	（0.0533）	（0.0545）	（0.0523）	（0.0562）
总人力资本		0.2835 **	0.3160 **	
		（0.1206）	（0.1155）	
交互项				0.0172 ***
				（0.0038）
常数项	8.5369 ***	5.8416 ***	5.8798 ***	8.5445 ***
	（0.3733）	（1.0774）	（1.0300）	（1.3862）
固定效应	有	有	有	有
样本量	242	242	242	242
R^2	0.9782	0.9785	0.9804	0.9897

注：**、*** 分别表示在 5%、1% 的水平上显著，括号内为标准误。

① 沿海地区包括北京、天津、河北、辽宁、上海、江苏、浙江、福建、山东、广东和海南，其他省级单位均属于内陆地区。

表 5-12　内陆地区估计结果

变量	（13）	（14）	（15）	（16）
老年抚养比	0.0016		-0.0057	-0.2845***
	(0.0175)		(0.0174)	(0.0510)
人均 GDP	0.9040***	0.2466	0.2449	0.3506***
	(0.0692)	(0.1986)	(0.1989)	(0.1144)
FDI	0.1127*	0.1170*	0.1196*	0.0846
	(0.0617)	(0.0603)	(0.0608)	(0.0594)
WTO	0.2704***	0.2752***	0.2802***	0.4634***
	(0.0672)	(0.0644)	(0.0663)	(0.0722)
总人力资本		0.4610***	0.4661***	
		(0.1311)	(0.1322)	
交互项				0.0368***
				(0.0062)
常数项	3.4326***	6.1956***	6.2121***	8.6576***
	(0.5229)	(0.9392)	(0.9416)	(1.0128)
固定效应	有	有	有	有
样本量	440	440	440	440
R^2	0.9225	0.9248	0.9248	0.9288

注：*、**、***分别表示在 10%、5%、1%的水平上显著，括号内为标准误。

　　人口老龄化对出口在沿海和内陆地区的差异性影响可能有以下两个原因。

　　第一，人口老龄化对出口的影响可能存在门槛效应，即只有当地区的老龄化程度加剧到一定的水平以上才会对出口产生显著的影响。我国的人口老龄化的进程存在地区差异，表现为沿海地区较内陆地区更早步入老龄化社会且人口老龄化的程度更深。我国 65 岁及以上老年人口在 2000 年首次超过 7%，开始进入老龄化社会。这一年我国沿海地区的 11 个省级单位已经全部进入老龄化社会而内陆地区的 20 个省级单位中仅重庆、四川、安徽、湖南和广西 5 省进入了老龄化社会。2018 年沿海地区除福建、广东和海南以外，其他 9 个省级单位 65 岁及以上老年人口占比均超过了 10%，同年 20 个内陆省份中 65 岁及以上老年人口占比超过 10% 的有一半。

　　第二，沿海地区出口企业在考察时段内向内陆地区乃至东南亚地区的梯度转移可能促进了人口老龄化对出口的不利影响。随着老龄化的推进和劳动年龄人口的减少，沿海地区的劳动力成本不断提升，出口企业在出口劳动密集型产品上的比较优势逐渐削弱，开始从沿海地区转出。同时为实现优化出口商品结构、推进加工贸易升级、实现外贸增长方式的转变和社会经济的可持续发展等目标，我国在"入世"后对出口政策作了一系列重大调整，包括多次出台取消部分产品出口退税的政策；下调部分产品出口退税率用以限制"两高一资"产品出口；推出限制加工贸易发展的《加工贸易限制类目录》；对列入限制类的商品实行银行保证金台账实转管理等措施。调整的结果是我国的出口快速增长势头有所回落，沿海地区加工贸易集中的省份出口受到了实质性影响。而限制目录对内陆地区实施区别对待，为出口产业向中西部地区的梯度转移提供了机会。因此，在劳动力成本与出口政策的双重促进下，沿海地区的出口增速逐步回落（林桂军、黄灿，2013）。

本节我们使用我国省级面板数据实证检验了人口老龄化、人力资本投资对出口的影响。估计结果显示，总体上以老年抚养比度量的人口老龄化尚未对我国出口产生显著的负面影响，但在东部沿海省份，人口老龄化已经对地区出口产生了显著的不利影响。人力资本投资对出口有显著的促进作用，老龄化与人力资本对出口的交互效应显著为正。

铁瑛等（2019）指出，人口结构变动对出口的影响会伴随人力资本水平的提升而逐渐弱化，即存在人口结构变动影响出口的"人力资本效应"。本节的实证研究结果印证了这一结论。由于人口老龄化的推进在一定程度上是不可逆的，我国贸易部门需要建立新的比较优势。加速人力资本积累，以"人力资本红利"替代"人口红利"是应对人口老龄化背景下我国出口转型升级的重要实现路径。

第四节　人口老龄化背景下人力资本影响
贸易模式的作用机制

根据国际贸易理论中的要素禀赋论，各国在生产产品技术水平相同的前提下生产成本的价格差异来自产品生产成本的差异，这种成本差异来自产品生产过程中使用的生产要素的价格差别，而生产要素的价格差异则由各国生产要素的相对丰裕程度决定，即国家间要素禀赋上的差异是比较优势的来源，而比较优势决定了一国的贸易模式。人口老龄化使一国劳动力丰裕程度相对下降，这将导致生产劳动密集型产品的成本上升，利润空间减少，进而导致劳动密集型产品出口比重下降，资本密集型产品的出口比重上升。动态的观察，这种贸易模式的变化属于贸易结构的优化。然而，在技术不变或技术进步缓慢的条件下，对这一贸易模式变化的判断则另当别论：只有技术进步引致的资本（技术）密集型产品出口比重上升才属于出口结构优化；在技术不变或是技术进步缓慢的条件下，由人口老龄化引起的出口产品结构变化不属于结构优化，劳动密集型产品出口份额的下降意味着比较优势的削弱。在没有建立起由技术进步引致的资本（技术）密集型产品比较优势的情况下，由人口老龄化引致的劳动密集型产品出口比重下降是一个需要引起重视的问题（如图 5-2 所示）。

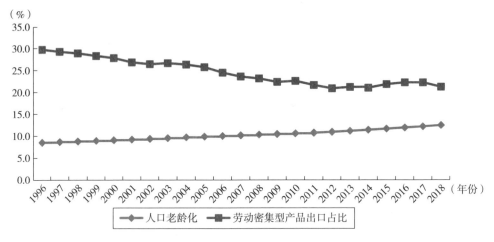

图 5-2　部分国家①人口老龄化与劳动密集型产品出口占比情况

　　要想通过技术进步实现出口结构优化需要一国不断积累人力资本。人力资本作为物质资本以外的高级生产要素是决定一国技术进步速度与出口结构的因素之一。人口老龄化引致的人口结构改变会影响一国人力资本积累的速度。如果人口老龄化的推进能够加速一国的人力资本积累，那么随着人力资本水平的提高和技术不断进步，一国就可能在资本和技术密集型产品的生产上形成比较优势。也就是说，人口老龄化在直接作用于贸易模式的同时，也通过影响人力资本的积累间接作用于一国的比较优势和贸易模式。当前，包括中国在内的许多发展中国家都面临着人口老龄化程度不断加深导致传统劳动密集型产品比较优势逐渐削弱的问题。能否利用人力资本红利缓解人口红利下降带来的不利影响，进而实现本国比

————————————

　　① 考察国家详见第三节数据说明。

较优势的转化与出口结构升级成为许多发展中国家共同面临的重要课题。人口老龄化背景下人力资本影响贸易模式的机制如何？问题的答案还有待研究。为此，本书利用跨国面板数据和中介效应模型对人口老龄化影响贸易模式的中介效应进行了检验，以为相关贸易政策和人口政策的调整和制定提供经验证据。

本节其余部分结构安排如下：第一部分为文献回顾；第二部分对所采用的中介效应模型、数据和变量进行说明；第三部分给出估计结果并进行分析讨论；第四部分给出结论和政策建议。

一、文献回顾

目前已有较多文献分析了人口老龄化对贸易模式的直接影响。相关研究认为，人口老龄化是贸易模式的影响因素，表现为两个国家即使技术水平和劳动人口数量都相同，只要人口年龄结构存在差异，两国就存在贸易的基础。Sayan（2005）利用 OLG 模型，用人口出生率的下降度量人口老龄化，最早研究了人口老龄化对一国贸易模式的影响。他认为，由于人口老龄化使一国资本变得相对充裕，劳动变得相对稀缺，因此降低了该国资本密集型商品的相对价格，提高了资本密集型商品的出口比较优势。Naito 和 Zhao（2009）建立了一个两个国家、两种生产要素、两类商品的两阶段跨期迭代模型以研究人口老龄化对贸易模式和贸易利得的影响，认为在自由贸易稳态点上人口老龄化程度高的国家将出口资本密集型商品而相对年轻的国家决定国际商品价格。也有学者持不同观点，Yakita（2012）使用预期寿命的延长来定义人口老龄化，认为人口老龄化程度较高的国家并不一定成为资本密集型产品的净出口国，而是应考虑正向的雷布津斯基定理的效应以及负向的消费和储蓄效应。一国的贸易利得视贸易开放条件下一国成为资本密集型产品的净出口国还是净进口国而定。在国内研究方面，王有鑫和赵雅静（2016）利用我国 2000~2013 年 27 个制造业行业的数据实证检验了人口老龄化与比较优势之间的关系。研究发现，无论是从生产还是消费角度来说，人口老龄化程度加剧提高了劳动密集型商品的相对价格，有利于资本密集型商品出口比较优势提升。

另外与本书相关的文献是研究人力资本对贸易模式的影响，已有研究均指出人力资本是影响一国贸易模式的因素。从研究的视角来看，已有研究可以概括为两大类：一类研究从内生增长理论出发，认为一国的技术进步能力通过影响比较优势进而决定分工模式和贸易结构。内生技术进步的能力和一国人力资本水平密切相关，先进的技术必须要有相应的人力资本与之匹配。发达国家使用的先进技术与国内高质量的劳动力是匹配的，而发展中国家由于劳动力质量较低，不具备吸收先进技术的能力（Lucas，1988；Acemoglu，1998；Acemoglu & Zilibotti，2001）。另一类研究将人力资本作为一种生产要素纳入要素禀赋理论框架，认为一国的贸易结构与其人力资本存量密切相关。在其他条件相同的情况下，两国对外贸易的基础是人力资本存量的差异，即在自由贸易条件下，人力资本禀赋存量相对更高的国家将出口人力资本密集型产品（Ishikawa，1996；Bond et al.，2003；Bouheas & Riezman，2007）。

将人口老龄化与人力资本纳入同一框架分析两者对贸易模式的影响机制可以看到，一方面，人口老龄化通过改变劳动力供给直接影响一国的贸易模式；另一方面，也通过影响人力资本水平间接地对一国的贸易模式施加影响。前文我们总结文献发现，人口老龄化影响贸易模式的研究结论还存在分歧，而关于人口老龄化对人力资本的影响学界亦未得到统一的结论。一些研究认为，人口老龄化对人力资本投资产生了负面影响。例如，Poterba（1997）研究表明，老年人口占总人口的比例每增加1%，人均教育支出会减少大概0.3个百分点，即人口老龄化对人力资本积累产生了负面的挤出效应。Harris等（2001）采用美国街道层面的面板数据分析了人口老龄化对公共教育支出的影响，发现人口老龄化的确对教育支出有负面影响。汪伟（2016）通过构建一个考虑双向代际转移的三期世代交替模型讨论了人口老龄化如何影响中国家庭的储蓄、人力资本投资决策与经济增长，研究发现，在当今中国的人口老龄化已经对家庭储蓄、人力资本投资与经济增长产生了负面影响。刘文、张琪（2017）利用跨国面板数据分析了人口老龄化与人力资本投资的关系，发现人口老龄化对人力资本投资影响先正后负。一旦跨过某一临界点，老龄化水平的不断加深将降低人力资本投资的速度。王云多（2019）分析了预期寿命、老年人政治影响力和人口出生率变化对公共财政支出偏向及人力资本增长的影响，认为在不考虑其他影响因素的条件下，老年人政治影响力越大，人口出生率越低，预期寿命越长，公共教育支出占国内生产总值比重越低，人均人力资本增长也呈下降趋势。

另一些研究则持相反观点，认为人口老龄化能够促进人力资本投资。例如，Bloom和Canning（2004）认为，平均寿命延长会提高储蓄率和资本存量，从而增加物质资本和人力资本。Cipriani和Makris（2006）建立OLG模型研究指出预期寿命与人力资本投资之间存在相互促进的关系。郭震威和齐险峰（2008）认为，由于中国的老龄化程度在快速推进的同时，劳动力人口的健康水平和受教育程度也有了较大幅度的提高，因此老龄化有可能在一定程度上促进人力资本的积累。Kurban等（2015）研究发现，人口老龄化增加了美国小学生的人均教育开支。

现有研究对人口老龄化、人力资本影响出口结构的探讨在不断深入，但以研究人口老龄化影响贸易模式的直接效应为主且结论并不一致，而针对人口老龄化通过人力资本间接影响贸易模式的研究仍然少见。为此，本节我们在已有文献和前文研究结论的基础上，采用中介效应模型实证检验人口老龄化背景下人力资本影响贸易模式的作用机制。主要的创新点包括两个方面：一是利用最新的跨国面板数据实证检验了人口老龄化对各国贸易模式的影响，扩展了相关研究的经验证据；二是本节建立中介效应模型分析了人口老龄化通过人力资本这一中介变量对贸易模式的影响，对人口老龄化、人力资本与贸易模式之间的关系进行了有益探索。

二、计量模型、指标选取与数据说明

（一）模型构建

为实证检验人口老龄化通过人力资本影响贸易模式的作用机制，本节建立中介效应模型。中介效应指变量间的影响关系（X 对 Y）是通过一个或多个变量（M）间接地产生影响，此时称 M 为中介变量，X 通过 M 对 Y 产生的间接影响为中介效应。该模型可以分析自变量对因变量影响的过程和作用机制，相比单纯分析自变量对因变量影响的同类研究，中介分析不仅方法上有进步，而且往往能得到更多更深入的结果（温忠麟等，2014）。根据上述逻辑，本书将人力资本视为人口老龄化影响出口结构的中介变量，考察人口老龄化影响贸易模式的作用机制，建立公式如下：

$$ES_{it} = \alpha_1 + c\,A_{it} + CV_{it} + \varepsilon_{1it} \tag{5-4}$$
$$HC_{it} = \alpha_2 + a\,A_{it} + \varepsilon_{2it} \tag{5-5}$$
$$ES_{it} = \alpha_3 + c'\,A_{it} + b\,HC_{it} + CV_{it} + \varepsilon_{3it} \tag{5-6}$$

其中，i 表示国家，t 表示年份，ES 表示贸易模式，A_{it} 表示人口老龄化，HC_{it} 表示人力资本，CV_{it} 为控制变量，ε_{1it}、ε_{2it}、ε_{3it} 为误差项。式（5-4）中的系数 c 反映了在控制其他因素后人口老龄化影响贸易模式的总效应；式（5-5）考察了人口老龄化对中介变量人力资本的影响，a 表示人口老龄化对中介变量的影响系数；在式（5-6）中，c' 表示控制了中介变量后人口老龄化对贸易模式的直接效应；b 表示控制了人口老龄化后中介变量对贸易模式的效应，系数 a 和 b 的乘积为人口老龄化影响贸易模式的间接效应，即中介效应；总效应、中介效应和直接效应之间的关系可表述为：$c = ab + c'$。

在实际操作中，对中介效应有不同的检验方法，温忠麟等（2004）构造了一个综合的中介效应检验程序，能在较高统计功效的基础上控制第一类和第二类错误的概率。因此，本书将采用该程序对中介效应进行检验。具体检验程序如图 5-3 所示。

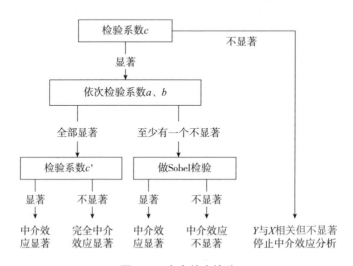

图 5-3　中介效应检验

为了检验中介效应是否显著即检验$H_0: ab=0$，可以选择依次检验系数 a 和 b 是否为 0。如果检验结果是 $a \neq 0$ 且 $b \neq 0$，就可以推出 $ab \neq 0$。但是模拟研究发现，用依次检验法来检验$H_0: ab=0$，第一类错误较低，低于设定的显著性水平，为此系数乘积的检验更多的是直接针对假设 H_0 提出的检验方法。其中，Sobel（1982）检验是其中较为有名的一种。检验统计量为 $z = \dfrac{\hat{a}\,\hat{b}}{S_{ab}}$，$\hat{a}$ 和 $\hat{b}$ 分别是 a 和 b 的估计，S_{ab} 是 $\hat{a}\,\hat{b}$ 的标准误。模拟研究发现，Sobel 方法的检验力高于依次检验法（MacKinnon et al.，2002；温忠麟等，2004）。因此，本书将采用该检验程序进行中介效应检验。

（二）变量与数据

1. 因变量贸易模式（ES）

我们使用一国的出口产品结构来度量。出口结构的通常度量方法是使用一国一定时期内各类商品出口在总出口中所占的比重来度量，本节使用劳动密集型产品出口额占出口总额比重来衡量各国的出口结构。按照通常采用的分类方法将各国货物贸易出口按照《国际贸易标准分类》（SITC）一位数分类进行划分，其中的第6、第8类视为劳动密集型产品①。自变量为人口老龄化（Aging）。按照国际通行标准，当一个国家或地区60岁以上老年人口占人口总数的比例超过10%，或65岁以上老年人口占人口总数的比例超过7%，即意味着这个国家或地区的人口处于老龄化社会。本书使用65岁以上人口在总人口中所占比重来衡量老龄化。依据要素禀赋理论对贸易模式的预测，人口老龄化程度的推进将降低一国在劳动密集型产品出口中的比较优势，即人口老龄化变量应与一国劳动密集型产品的出口占比负相关，即估计系数 c' 的预期符号为负。

2. 中介变量为人力资本（HC）

人力资本水平的差异可以作为一国比较优势的来源，而教育是人力资本积累最重要的渠道。本书使用公共教育支出占GDP的比重来衡量一国人力资本水平。通常拥有较多人力资本的劳动者更倾向于从事资本和技术密集型产品的分工生产以获得更高的回报，因此估计系数 b 的预期符号为负。文献回顾中，当前关于人口老龄化对人力资本的影响存在截然相反的结论，因此估计系数 a 的预期符号正负皆有可能。

纳入回归模型的其他影响一国贸易模式的控制变量主要包括以下四个：

（1）人均收入（pcgdp）。人均收入水平较高的国家较低收入水平国家对外开放程度更高。人均收入高意味着一国的消费需求较高，国内市场对资本品的旺盛需求将刺激企业增加生产并出口海外。同时，人均收入水平较高的国家往往拥有更为丰裕的资本要素，可能更有利于该国出口资本密集型产品。

（2）外商直接投资（FDI）。使用一国外商直接投资净流入量来核算该指标。外商直接投资对一国出口量和出口结构的影响效果根据研究主体的不同存在较大差异。一方面，较多的外资流入表明一国的外资企业特别是跨国公司较多且较为活跃；另一方面，由于 FDI 与国际贸易之间存在替代关系，贸易壁垒的存在会导致资本流动；资本流动的限制会促进商品的流动。有研究表明，发展中国家引进 FDI 有助于本国出口产品的国际竞争力提升和出口结构升级（郭炳南，2010），也有学者指出外资的流入并未产生出口贸易结构优化效应（周靖祥，曹勤，2007）。

（3）金融市场（Finance）。使用一国银行部门国内信用投放占GDP的比重

---

① SITC 一位数分类标准中的第0~4类为初级产品、第5~9类为工业制成品。其中，第5类为化学品及有关产品，第6类为轻纺产品、橡胶制品矿冶产品及其制品，第7类为机械及运输设备，第8类为杂项制品，第9类为未分类的其他商品。

来衡量金融市场间接融资能力。一国金融市场具有较高的开放程度且金融体系较为成熟意味着该国出口企业具有更为便利的融资渠道，从而有利于企业扩大生产规模并增加出口。从金融市场对出口结构的影响上来看，有研究指出，融资约束抑制劳动密集型企业出口的集约边际与资本和技术密集型企业出口的扩展边际（吕越等，2017）。

（4）汇率（*Exchangerate*）。汇率是影响一国进出口贸易的一个重要因素。通常当本国货币升值时，国外进口商购买本国出口的商品时需要支付一个更高的价格才可以得到，相对比其他国家的产品，本币升值国家的出口商品竞争力将下降从而不利于出口。汇率对一国出口结构的影响则取决于汇率变化对各类产品出口价格的差异性影响。有研究指出，人民币升值对我国初级产品出口形成冲击而对工业制成品影响不大（封思贤，吴玮，2008）。我们使用直接标价法，即使用各国货币兑美元的年度平均汇率来度量①。

本书使用的所有数据均来自世界银行数据库。在国家选取方面，综合考虑覆盖国家的多样性与数据可得性，最终选取（美国、日本、英国、加拿大、德国、法国、意大利、中国、韩国、印度尼西亚、泰国、马来西亚、印度、菲律宾、越南、巴西、墨西哥、俄罗斯、阿根廷、土耳其和南非）等 21 个经济体，考察的时间段为 1995~2018 年共 24 年。表 5-13 显示了各变量的统计描述情况。

表 5-13　变量的统计描述

变量	观测值	均值	标准差	最小值	最大值
贸易模式	504	23.5634	10.1208	0	59.09
人口老龄化	504	10.7040	5.9537	3.05	27.05
老年抚养比	504	15.9668	9.2856	0	45.03
人力资本	504	6.0273	4.6039	1.86	25.61
人均收入	504	18.2035	17.0365	0.28	59.53
FDI	504	450.11	747.9692	-204	5062
金融市场	504	124.0607	69.9290	19.66	345.72
汇率	504	1306.657	4144.32	0.05	22373.46

---

① 美国的汇率变量采用美元指数来衡量。

三、计量结果分析

（一）人口老龄化影响贸易模式的总效应

表 5-14 显示了人口老龄化影响贸易模式的总效应即模型（5-4）的估计结果。为了得到稳健的估计结果我们采用逐步回归（Step-wise）方法。首先将人口老龄化作为唯一解释变量进行回归，表 5-14 第（1）列中人口老龄化的估计系数在 1%水平上显著为负，显示人口老龄化显著降低了各国劳动密集型产品的出口占比。然后逐步加入控制变量，表 5-14 第（2）、第（3）列中人口老龄化变量的估计系数均为负且在 1%水平上显著，表明随着老年人口在全部人口中所占比重的提高，劳动密集型产品出口在总出口中所占比重不断下降。根据新古典国际贸易理论中的要素禀赋论，人口老龄化的推进使得劳动年龄人口在总人口所占的比重下降从而减少一国的劳动力相对丰裕程度，这将削弱该国在劳动力密集型产业中的比较优势进而减少劳动密集型产品的出口占比，实证回归结果与理论预期是一致的。

表 5-14　人口老龄化对贸易模式的影响

	（1）	（2）	（3）
aging	−0.907***	−0.648***	−0.607***
	（0.135）	（0.164）	（0.204）
pcgdp		0.082	0.0780
		（0.0468）	（0.0530）
FDI		−0.0013***	−0.0012***
		（0.0005）	（0.0005）
finance			0.00152***
			（0.0002）
exchangerate			−0.0585***
			（0.0114）
常数项	33.27***	32.58***	34.45***
	（1.464）	（1.677）	（1.677）
国家固定效应	有	有	有
年份固定效应	有	有	有

续表

	（1）	（2）	（3）
观测值	504	504	504
R^2	0.107	0.1381	0.298

注：＊＊＊表示在1%的水平上显著，括号内为标准误。

在控制变量方面，人均 GDP 项的估计系数为正但没有通过显著性检验，显示人均收入水平并未显著影响劳动密集型产品出口占总出口的比重。FDI 项的估计系数在 1% 水平上显著为负，表明外商直接投资流入的增加显著降低了劳动密集型产品的出口占比。这可能是由于在全球范围内 FDI 主要流入各国资本和技术密集型行业从而增加了资本密集型和技术密集型产品的出口份额。金融市场项的估计系数为正且在 1% 水平上显著，显示良好的信贷环境更有助于劳动密集型企业获得资金从而扩大生产和出口规模。汇率项的估计系数显著为负，说明各国劳动力密集型出口产品对汇率较为敏感，本币贬值将显著增加一国的劳动密集型产品的出口占比。

（二）人口老龄化、人力资本与贸易模式：中介效应

表 5-15 显示了人口老龄化通过人力资本影响贸易模式的中介效应。第（4）列中人口老龄化项的估计系数为-0.607，在 1% 水平上显著为负，说明人口老龄化影响贸易模式的总效应显著为负。表 5-15 第（5）列显示人口老龄化影响人力资本的估计系数为 0.137，在 5% 水平上为正；第（6）列中，在控制了人口老龄化和其他变量后人力资本影响贸易模式的估计系数为 0.845，在 1% 水平上显著为正，由此我们可以得到中介效应的系数值为 0.116。Sobel 检验中的 Z 统计量为 2.078，大于 5% 限制性水平上的临界值为 0.97，因此人口老龄化对一国贸易模式的影响存在以人力资本为中介变量的中介效应，这种中介效应缓解了人口老龄化对一国劳动密集型产品出口的直接冲击。

表 5-15　人口老龄化通过人力资本影响贸易模式的中介效应

变量	（4）	（5）	（6）
	ES	HC	ES
aging	-0.607＊＊＊	0.137＊＊	-0.981＊＊＊
	（0.204）	（0.0573）	（0.251）

续表

变量	(4)	(5)	(6)
	ES	HC	ES
pcgdp	0.0780		0.0890
	(0.0530)		(0.0615)
FDI	−0.0012***		−0.0021***
	(0.0005)		(0.0006)
finance	0.00152***		0.0009***
	(0.0002)		(0.0003)
exchangerate	−0.0585***		−0.0506***
	(0.0114)		(0.0129)
HC			0.845***
			(0.201)
常数项	34.45***	4.598***	33.13***
	(1.677)	(0.601)	(2.158)
国家固定效应	有	有	有
年份固定效应	有	有	有
样本量	504	504	504
R^2	0.298	0.019	0.376
Sobel 检验		Z = 2.078 > 0.97	

注：**、***分别表示在 5%、1%的水平上显著，括号内为标准误。

中介效应为正可能是因为：一方面，人口老龄化往往伴随着低生育率和预期寿命的提高。家庭新生儿数量的下降使平均每个孩子得到的教育投入增加从而提升个体人力资本水平，同时预期寿命的提高也可能促进个体增加人力资本投资。另一方面，本书使用公共教育支出占 GDP 的比重来衡量人力资本水平，与高等教育相比，公共教育更多是为个体劳动者提供学习基础知识与基本技能的机会，接受了公共教育的劳动者所具备的人力资本水平可能与劳动密集型生产环节较为匹配，从而促进了劳动密集型产品的出口。正如传统国际贸易理论的预测，人口老龄化使得一国的劳动力资源变得相对稀缺和昂贵，从而降低该国生产劳动密集型产品的比较优势并减少产品在总出口中所占比重。具体而言，首先，人口老龄化直接作用于贸易模式，表现为人口老龄化程度的加剧将直接降低一国出口中劳动密集型产品所占比重；其次，人口老龄化也通过人力资本这一中介变量间接影响贸易模式，表现为人口老龄化通过促进一国人力资本的积累进而增加劳动密集型产品出口在总出口中所占比重。然而由于中介效应小于直接效应，因此人口老龄化影响贸易模式的总效应仍然显著为负。

各控制变量估计系数的符号与显著性均与模型（5-4）的估计结果一致：人均 GDP 的估计系数为正没有通过显著性检验，显示个人收入水平的增加并未对贸易模式产生显著影响。外资流入在 1% 水平上显著降低了劳动密集型产品的出口份额，表明外商直接投资更多进入各国资本和技术密集型行业并进行相关产品的生产和贸易，从而减少了劳动密集型产品在总出口中所占的比重。金融市场的估计系数在 1% 水平上显著为正，说明与资本和技术密集型企业相比，便利的融资渠道对劳动密集型企业的生产和出口有更大的促进作用。汇率的估计系数在 1% 水平上显著为负，表明劳动密集型产品较其他类型出口产品的汇率弹性更大，汇率上升将显著抑制劳动密集型产品出口。

（三）稳健性检验

以上对人口老龄化影响贸易模式的作用机制进行了实证检验，为了确保回归结果的可靠性，我们还需要进行稳健性检验。为此本书选取老年抚养比作为人口老龄化的代理变量，以考察改变被解释变量的度量方法是否影响估计结果的稳健性。老年抚养比（ODR）是指总人口中非劳动年龄人口数中老年部分对劳动年龄人口数之比。用以表明每 100 名劳动年龄人口要负担多少名老年人，即：

$$ODR = \frac{65\ 岁及以上人口}{15\ \sim\ 64\ 岁人口} \times 100\% \tag{5-7}$$

本书按照式（5-7）和世界银行数据库提供的数据计算各国的老年抚养比作为因变量重新进行回归。由表 5-16 中第（7）列估计结果可见，人口老龄化影响贸易模式的总效应在 1% 水平上显著为负，与使用老年人口占比度量人口老龄化进行回归得到的结论一致。表 5-16 中（8）~（9）列显示，人口老龄化影响人力资本的估计系数为 0.0721，在 5% 水平上显著为正；人力资本影响贸易模式的估计系数为 0.786，在 1% 水平上显著为正，由此得到中介效应的估计系数为 0.0567。Sobel 检验中的 Z 统计量为 1.795，大于 5% 限制性水平上的临界值为 0.97，再次验证了人口老龄化对一国贸易模式的影响存在以人力资本为中介变量的中介效应。控制变量的估计系数符号与显著性均与前文的估计结果一致，说明本书的估计结果是比较稳健的。

表 5-16　稳健性检验

变量	(7)	(8)	(9)
	ES	HC	ES
aging	−0.414***	0.0721**	−0.387**
	(0.0812)	(0.0356)	(0.158)
pcgdp	0.0462		0.0590
	(0.0526)		(0.0624)
FDI	−0.0012***		−0.0022***
	(0.0005)		(0.0006)
finance	0.00151***		0.0010***
	(0.000221)		(0.0003)
exrate	−0.0665***		−0.0578***
	(0.0113)		(0.0130)
hc			0.7860***
			(0.203)
常数项	32.20***	4.914***	30.83***
	(1.552)	(0.555)	(2.144)
国家固定效应	有	有	有
年份固定效应	有	有	有
样本量	504	504	504
R^2	0.283	0.014	0.353
Sobel 检验	Z=1.795 >0.97		

注：**、***分别表示在5%、1%的水平上显著，括号内为标准误。

四、结论与政策建议

随着人口老龄化成为全球多数国家面临的现实，人口年龄结构的变化对各国的贸易基础与贸易结构产生的影响将愈加显著。本文利用跨国面板数据和中介效应模型实证检验了人口老龄化影响贸易模式的中介效应。结果显示，一方面，人口老龄化通过降低一国劳动力要素的相对丰裕程度从而对劳动密集型产品的出口直接产生负面影响；另一方面，人口老龄化也通过促进人力资本积累对劳动密集

型产品的出口产生正面影响。由于正面的中介效应小于负面的直接效应，总体上人口老龄化程度的加剧将显著降低劳动密集型产品在一国出口中所占比重。

本书的研究表明，人口老龄化的推进将削弱一国在劳动密集型产品上的比较优势，这对于尚未在资本密集型产品的生产上建立比较优势的国家是十分不利的。应对这一问题可以从减缓人口老龄化对劳动密集型产品的不利影响和创造新的比较优势两个方面着手。一方面，各国政府应继续加大公共教育支出，为劳动密集型产品的生产和出口创造技能水平适宜的劳动力供给。同时，鉴于人口老龄化也是人口预期寿命提高的结果，各国政府也可以通过适当延长退休年龄或实行弹性退休制度的方式把实际退休年龄后延，从而扩大劳动年龄人口的规模。另一方面，劳动密集型产品的出口增加值通常低于资本和技术密集型产品，发展中国家如果能够在资本和技术密集型产品的生产上形成比较优势，人口老龄化就可能成为推动一国出口结构调整和升级的契机。要创造新的比较优势，需要一国培育和积累更多的高素质劳动力。为此，政府和相关机构应通过加大教育开支中对高等教育、研究机构以及职业培训等的投入比例，培育更多的高技能劳动力积累人力资本红利，以应对人口老龄化对劳动密集型产业的冲击并实现出口结构优化和分工地位提升。

本章小结

本章分析了人口老龄化与人力资本共同作用下对国际贸易的影响与作用机制。首先，梳理了人口老龄化影响国际贸易的理论框架，对人口老龄化与劳动力市场的结构变化、人力资本变化之间的关系进行了阐述。在实证分析方面，我们使用多种方式度量了我国的出口贸易模式并通过实证检验发现人口老龄化是影响出口模式的格兰杰原因。其次，建立回归模型、利用省级面板数据分析了在人口老龄化与人力资本共同作用下对我国出口的影响，发现目前人口老龄化尚未对我国的出口总量产生显著的负面影响而人力资本投资能够促进出口，两者的共同作用对出口有显著的正向影响。最后，为了检验人口老龄化背景下人力资本影响出口结构的作用机制，我们利用跨国面板数据分析了人口老龄化影响出口结构的中介效应。实证结果显示，在控制了其他变量以及国别及年份固定效应的情况下，一方面，人口老龄化通过降低一国劳动力要素的相对丰裕程度从而对劳动密集型产品的出口直接产生负面影响；另一方面，人口老龄化也通过促进人力资本积累对劳动密集型产品的出口产生正面影响。由于正面的中介效应小于负面的直接效应，总体上人口老龄化程度的加剧将显著降低劳动密集型产品在一国出口中所占比重。

综合本章的实证研究结论，我们认为当前人口老龄化尚未对我国的出口总量产生显著影响，但已经对我国的出口贸易结构产生了影响，这种影响主要表现为人口老龄化的推进对我国劳动密集型产品的出口和加工贸易出口有负面影响，这意味着人口老龄化的推进可能在一定程度上倒逼我国的贸易部门实现贸易模式转换和出口结构升级。在人口老龄化的背景下人力资本对一国的出口总量和出口贸易模式都有显著的影响，初级人力资本投资的增加有助于老龄化国家提升出口量以及劳动密集型产品的出口占比，在人口老龄化背景下加强人力资本投资可以成为抵消人口老龄化对国际贸易负面影响的手段。

本章的研究结论具有很强的现实意义。在很长的一段时间内，中国作为发展中大国和人口大国，由于人口老龄化程度较低且劳动力成本低廉，选择生产并出口劳动力密集型产品。然而人口年龄结构并非固定不变，计划生育政策下中国家庭呈少子化态势，总体人口结构发生了很大变化，劳动年龄人口数量已经开始下降，人口老龄化进程加速。这使中国的贸易模式不可避免地面临转型升级的挑战。同时，部分东南亚发展中国家人口老龄化程度远低于中国，近年来其劳动力禀赋优势逐渐凸显，许多劳动力密集型行业企业开始由中国转向东南亚国家投资设厂，使中国出口企业面临的国际竞争愈加激烈。我们应充分认清人口老龄化对中国出口带来的挑战，同时也不能忽略在一段时间内人口老龄化能够促进资本密集型产品出口从而对出口结构产生积极影响的事实。因此，应理性看待人口老龄化对中国出口贸易的影响，并积极加以应对。面对人口红利逐渐消失的事实，中国应借鉴发达国家在应对人口老龄化问题中取得的经验，加大相关部门的创新研发投入和战略新技术领域的投资，积极开发人力资本红利，全面推进并争取早日实现产业结构乃至出口结构的转型升级。

第六章

人口老龄化背景下开发人力资本红利的国际经验与中国启示

在对人口老龄化、人力资本与国际贸易间关系基于理论和实证层面详细研究后，本章我们分别分析日本和德国在应对人口老龄化、开发人力资本促进本国经贸发展的经验与教训，在此基础上结合我国的现实情况，提出对未来发展的启示与政策建议。

选择日本和德国作为案例分析两国在人口老龄化进程中开发人力资本、促进经济和贸易的持续健康发展，主要基于以下三个方面的原因：

第一，日本和德国位列目前全球范围内人口老龄化程度最高的几个国家。历史上，作为"第二次世界大战"的战败国，日本和德国均在"二战"中损失了大量的人口特别是青壮年人口。战后两国均经历了"婴儿潮"，从而迎来一轮人口红利期。随着社会经济的快速发展，两国的人口出生率不断下降且人口红利逐步消失并进入老龄化社会。图6-1显示了中、日、德三国由65岁以上老年人口占比度量的人口老龄化水平。日、德两国进入老龄化社会的时间早于我国且人口老龄化程度更高。与日本和德国相比，我国进入老龄化社会的时间更晚但速度更快，我们可以通过学习和借鉴两国在应对人口老龄化、开发人力资本红利方面的已有经验来延缓和减轻人口结构的变化。

第二，日本和德国的经济发展与人力资本水平居于世界领先地位，两国均为制造业大国和人力资本大国。图6-2显示了中、日、德三国由人均受教育年限度量的人力资本水平。2018年德国和日本的人均受教育年限分别达到了12.8年和14.1年。虽然中国的人均受教育年限已经由1990年的4.8年上升至2017年的

7.8 年，但与日本和德国仍然存在一定差距。从出口产品结构①上来看，日本和德国的出口结构较为近似（见图 6-3），表现为两国出口产品中约有一半为中等技术产品，其次是高技术产品和低技术产品。中国的出口结构则表现为同时出口了较多的高技术、低技术产品，中等技术产品的出口占比略低于高技术、低技术产品。三国出口产品中农产品和资源类产品所占比重都很低，显示中国、日本和德国的出口更加依赖不同技能的劳动力而非自然资源。对于我国而言，日本和德国如何在步入老龄化社会以后保持经济增长和出口产品的国际竞争优势值得探讨。

第三，日本和德国在应对老龄化问题上采取的措施有相似之处也有两国独有的政策。通过分析和比较日本与德国在人口老龄化背景下开发人力资本红利的国际经验，有助于我们更为系统地分析和应对人口老龄化给我国经济和国际贸易发展带来的挑战。

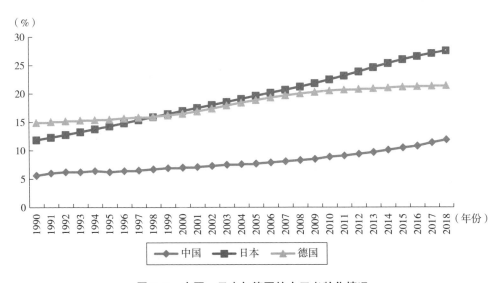

图 6-1　中国、日本与德国的人口老龄化情况

资料来源：世界银行数据库。

①　我们根据 Lall（2006）的产品技术含量分类方法对各国的出口产品进行分类，该方法将贸易品按照技术含量划分为农产品、资源类产品、低技术产品、中等技术产品、高技术产品和其他未分类产品六大类。其中，低技术产品主要包括纺织服装产品以及其他低技术制成品；中等技术产品主要包括汽车产品、工程机械产品以及其他中等技术的加工制成品；高技术产品主要包括电子设备产品以及其他高技术产品。

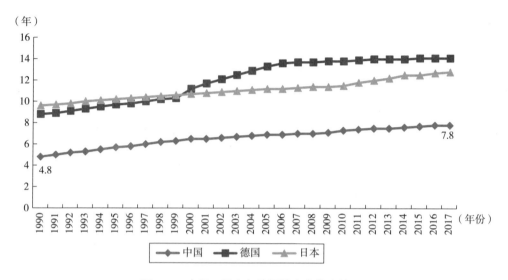

图 6-2　中国、日本与德国的人力资本情况

资料来源：世界银行数据库。

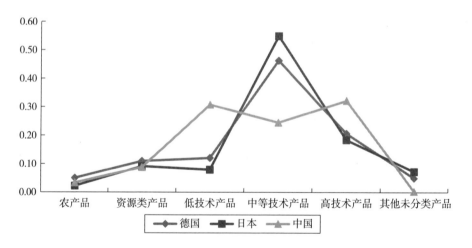

图 6-3　2018 年中国、日本与德国的出口结构

资料来源：联合国贸易和发展会议（UNCTAD）数据库。

第一节　日本应对人口老龄化开发人力资本红利的经验分析

在全球人口老龄化的背景下，一些国家率先步入老龄化社会。这些深受老龄化困扰的经济体为了应对老龄化给经济和社会带来的一系列挑战，开展了大量的研究工作、实施了一系列的政策措施并取得了一些经验。本节我们以日本为例，分析日本应对人口老龄化问题、开发人力资本红利的国际经验。选择日本进行分析主要是因为日本作为发达国家和 G7 成员国，经济发展水平有目共睹，在全球经济中的地位举足轻重。同时，日本也是全球范围内最早步入老龄化社会且目前人口老龄化程度最高的国家。中日两国均为东亚地区的重要经济体，在人文、地理等方面有着高度的相似性，在经济发展的轨迹上也有一定的相似之处。因此，日本在应对人口老龄化与发展经济方面的经验与教训值得我国学习和借鉴。

一、日本人口老龄化与经贸发展情况概述

作为全球老龄化程度最高的国家，日本早在 1970 年就步入了老龄化社会。1985 年日本 65 岁以上老年人口占比超过 10%，2007 年进一步超过 20%，2018 年日本 65 岁以上老年人口增至 3489.2 万人，在总人口中所占比重达到 27.6%，已经进入了超级老龄化社会。预计到 2060 年，日本 65 岁以上老年人口占比将达到 40%，平均每 2.5 人中就有一个老年人。与老年人口在总人口中所占比重不断提升相对应的是日本年轻人口在总人口中比重的不断下滑。1960 年日本 0~14 岁人口所占比重达到 30.3%，到 1980 年这一指标下降至 23.6%。1998 年日本 0~14 岁人口占总人口的比重降至 15.3%，65 岁以上老年人口占总人口的比重增至 15.9%，老年人口比重首次超过年轻人口比重。日本的 15~64 岁的劳动年龄人口占总人口的比重在 1960~1990 年呈"上升—下降—上升"的波动趋势，劳动年龄人口的峰值出现在 1992 年，占比达到 69.78%。在此之后，日本的劳动年龄人口占比逐年减少，到 2018 年占比已经不足 60%（见表 6-1）。

表 6-1　1960~2018 年日本人口结构　　　　　　　　　单位:%

年份 \ 年龄	0~14 岁	15~64 岁	65 岁及以上	年份 \ 年龄	0~14 岁	15~64 岁	65 岁及以上
1960	30.26	64.12	5.62	1990	18.48	69.66	11.87
1961	29.41	64.86	5.73	1991	17.92	69.77	12.31
1962	28.48	65.68	5.84	1992	17.44	69.78	12.78
1963	27.52	66.53	5.95	1993	17.02	69.71	13.27
1964	26.63	67.31	6.06	1994	16.63	69.59	13.78
1965	25.87	67.97	6.17	1995	16.25	69.46	14.30
1966	25.34	68.36	6.31	1996	15.90	69.27	14.83
1967	24.86	68.69	6.45	1997	15.59	69.04	15.37
1968	24.48	68.93	6.60	1998	15.31	68.79	15.91
1969	24.23	69.03	6.74	1999	15.04	68.52	16.45
1970	24.11	69.01	6.88	2000	14.78	68.23	16.98
1971	24.04	68.92	7.05	2001	14.58	67.91	17.51
1972	24.11	68.69	7.20	2002	14.37	67.60	18.03
1973	24.27	68.37	7.35	2003	14.16	67.28	18.56
1974	24.40	68.09	7.52	2004	13.98	66.92	19.10
1975	24.41	67.89	7.70	2005	13.83	66.52	19.65
1976	24.49	67.59	7.92	2006	13.69	66.14	20.18
1977	24.36	67.47	8.17	2007	13.59	65.72	20.70
1978	24.09	67.48	8.43	2008	13.51	65.25	21.24
1979	23.82	67.50	8.68	2009	13.44	64.73	21.83
1980	23.58	67.50	8.91	2010	13.35	64.15	22.50
1981	23.14	67.69	9.17	2011	13.31	63.54	23.16
1982	22.82	67.78	9.40	2012	13.24	62.88	23.88
1983	22.55	67.84	9.61	2013	13.17	62.21	24.63
1984	22.17	67.98	9.85	2014	13.08	61.57	25.35
1985	21.64	68.25	10.11	2015	12.99	60.99	26.02
1986	21.16	68.44	10.40	2016	12.91	60.49	26.59
1987	20.52	68.76	10.71	2017	12.81	60.08	27.11
1988	19.79	69.15	11.06	2018	12.70	59.73	27.58
1989	19.09	69.47	11.45				

资料来源：Wind 数据库。

目前，日本的人口平均年龄已经达到 47 岁，美国为 37 岁，中国和英国均为 38 岁。表 6-2 显示了 2018 年全球范围人口平均寿命内排名前十的国家以及中国的人口平均寿命。目前，总体平均寿命排名前十位的国家均为发达国家，其中日本排名第一。2018 年日本人口总体平均寿命高达 84.2 岁，其中女性平均寿命 87.1 岁，男性平均寿命 81.1 岁。中国的总体平均寿命为 76.4 岁，排名第 52 位，其中女性平均寿命 77.9 岁，男性平均寿命 75 岁。由此可见，日本的人口老龄化不仅表现为老年人口占比高，还因为人口的平均寿命居全球首位。图 6-4 进一步显示了 1960 年以来日本人口平均寿命的变化趋势。可以看到，日本人口的平均寿命在过去的半个世纪中稳步提升，人口总体平均寿命由 1960 年的 67.6 岁增加到 2018 年的 84.2 岁。日本女性的平均寿命高于男性。1960 年日本男性和女性的平均寿命分别为 65.3 岁和 70.1 岁，2018 年两者分别提高至 81.1 岁和 87.1 岁。

表 6-2　2018 年部分国家平均寿命　　　　　　　单位：岁

排名	国家	总体平均寿命	女性	男性
1	**日本**	**84.2**	**87.1**	**81.1**
2	瑞士	83.3	85.2	81.2
3	西班牙	83.1	85.7	80.3
4	法国	82.9	85.7	80.1
5	新加坡	82.9	85	80.8
6	澳大利亚	82.9	84.8	81
7	意大利	82.8	84.9	80.5
8	加拿大	82.8	84.7	80.9
9	韩国	82.7	85.6	79.5
10	挪威	82.5	84.3	80.6
52	**中国**	**76.4**	**77.9**	**75**

资料来源：World Health Statistics 2018。

日本的经济发展与国内的人口红利之间存在着密切的联系，表现为随着人口老龄化的推进和人口结构转型，日本经济增速不断放缓甚至停滞（孟令国，2013）。日本经济在"二战"后经历了长达数十年的高速增长阶段，并在 20 世纪 80 年代成为全球第二大经济体，直到 2010 年被中国超越。1985 年美国、日

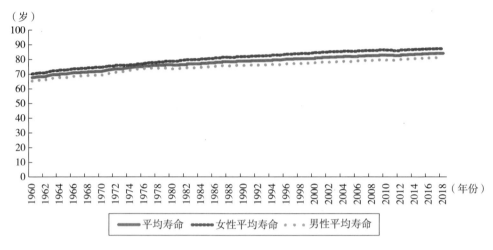

图 6-4　1960~2018 年日本人口平均寿命

资料来源：Wind 数据库。

本、德国、英国和法国达成"广场协议"，此后日元迅速升值，加之国内兴起的投资热潮，日本国内的资产价格不断膨胀。1990 年以来日本的泡沫经济破灭，经济增速一落千丈，日本进入了长期的经济衰退期。图 6-5 显示，日本 GDP 增速在 20 世纪 70~80 年代保持高速增长态势，进入 90 年代以后迅速下降。2000 年以来日本的 GDP 增速维持在 2%~5%，2018 年的经济增速仅为 0.7%。在经济结构方面，长期以来服务业在日本经济中占据主要地位。由图 6-6 可知，1970 年以来伴随人口老龄化的加剧，传统人口红利优势逐渐消失，劳动力供不应求给日本的工业部门带来了压力，传统的劳动密集型产业的竞争优势不断减弱。工业增加值占 GDP 的比重由 1970 年的 42.9% 下降至 2017 年的 29.1%，服务业增加值占 GDP 的比重在 1970 年为 52.1%，到 2017 年增加至 69.1%。

日本的货物贸易出口自 20 世纪 90 年代以来逐年增加并在绝大多数年份保持贸易顺差。由表 6-3 可知，日本的出口总额由 1995 年的 4429.4 亿美元逐步增加到 2018 年的 7382 亿美元。尽管出口总额呈上升趋势，但日本的出口额在全球出口总额中所占的比重呈下降趋势，出口占比由 1995 年的 8.65% 下降至 2018 年的 3.80%。从出口产品的内容上来看，日本的信息产业、生物工程、汽车、自动化等行业的发展水平在全球范围处于领先地位，是游戏软件、机器人、半导体、集成电路、汽车发动机、医药等产品的出口大国。表 6-4 显示了 1995 年以来日本对外直接投资流量与占比情况。1995 年日本对世界其他国家和地区的直接投资

图 6-5　1972~2018 年日本 GDP 增速

资料来源：经济合作与发展组织（OECD）数据库。

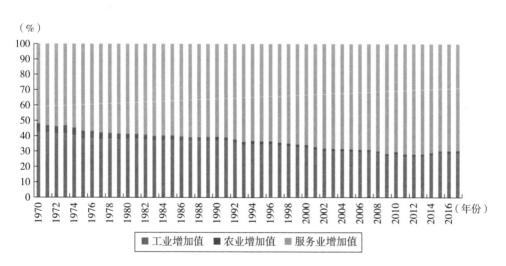

图 6-6　1970~2017 年日本产业结构

资料来源：Wind 数据库。

额为 226.3 亿美元，该投资额在 2018 年增长至 1431.6 亿美元。日本的外向型 FDI 占全球对外直接投资总额的比重在 1995 年为 6.3%，该指标在 2007 年下降至 3.4%，此后占比呈上升趋势，到 2018 年达到 14.1%，为 1995 年以来的最大值。

由此可见，日本的企业界一直在通过扩张海外来努力减少它对这个国家不断萎缩的人口的依赖。日本企业通过海外投资的方式将劳动密集型生产环节转移到其他国家和地区，以获取廉价劳动力降低生产成本。

表6-3　1995～2018年日本货物贸易出口总额及占比　单位：亿美元，%

年份 出口总额 及占比	1995	1996	1997	1998	1999	2000	2001	2002	2003	2004	2005	2006
出口总额	4429.4	4109.5	4210.5	3881.4	4176.1	4792.8	4033.4	4167.3	4720.1	5657.6	5949.4	6467.3
占比	8.65	7.67	7.56	7.10	7.39	7.51	6.57	6.48	6.29	6.16	5.69	5.34
年份 出口总额 及占比	2007	2008	2009	2010	2011	2012	2013	2014	2015	2016	2017	2018
出口总额	7143.3	7814.1	5807.2	7697.7	8231.8	7986.2	7151.0	6902.2	6248.7	6449.3	6981.0	7382.0
占比	5.10	4.84	4.64	5.05	4.49	4.32	3.76	3.64	3.78	4.03	3.95	3.80

资料来源：联合国贸易和发展会议（UNCTAD）数据库。

表6-4　1995～2018年日本对外直接投资及占比　单位：百万美元，%

年份 投资 及占比	1995	1996	1997	1998	1999	2000	2001	2002	2003	2004	2005	2006
FDI	22630	23428	25993	24152	22743	31557	38333	32281	28800	30951	45781	50266
占比	6.3	6.0	5.6	3.6	2.1	2.7	5.6	6.5	5.4	3.4	5.5	3.7
年份 投资 及占比	2007	2008	2009	2010	2011	2012	2013	2014	2015	2016	2017	2018
FDI	73549	128020	74699	56263	107599	122549	135749	130843	136249	151301	160449	143161
占比	3.4	7.5	6.8	4.1	6.9	9.6	9.9	10.1	8.1	9.8	11.3	14.1

资料来源：联合国贸易和发展会议（UNCTAD）数据库。

有学者指出人口转型过程出现的老龄化并不一定导致人口红利的消失，一国可能通过快速的资本积累而产生第二次人口红利（Mason & Kinugasa，2008）。金华林、刘伟岩（2017）认为，老龄化的到来并没有宣告日本人口红利的结束，反而从老年人再就业和人口素质提升方面推动了第二次人口红利的到来。目前中国的人口结构变化与日本十分相似，对日本应对人口老龄化举措的分析可以为面临人口红利下降和经济增速放缓的中国提供借鉴。

二、日本应对人口老龄化开发人力资本红利的经验分析

为了应对人口老龄化带来的挑战，日本政府制定了一系列的法律和规划，通过推出鼓励生育、提高劳动参与率、重视科研和教育、开发老年人力资本等方面的相关政策措施来减轻老龄化给日本经济发展造成的不利影响。日本政府规划了相关法律和制度，根据老龄化形式的变化，建立并不断完善养老、就业、医疗等社会保障制度，支持企业和社会组织参与养老事业，从而形成了较为完善的应对老龄化问题的政策体系。

（一）鼓励生育

日本的人口老龄化具有显著的低生育率特征。图 6-7 显示，1970 年日本的生育率为 2.1，处于生育高峰。此后日本的生育率逐步下降，到 1990 年降至 1.54，2000 年初日本的出生率降至 1.3 的历史新低。一般而言，为了维持稳定的人口数量，一国需要的总和生育率应不低于 2.1 才能够保持人口稳定发展而不至于萎缩。为此，为了提高生育率，日本通过减轻家庭在生育和抚养子女的负担等方面着手，试图通过降低生育成本来促进生育。日本通过实施九年义务教育，公立小学和初中免收学费。日本政府规定，自 2019 年 10 月起，3~5 岁的保育园、幼儿园所有费用也将全部减免。这意味着日本儿童在初中毕业以前可以享受学费全免。此外，日本政府还对生育进行奖励。所有缴纳了国民健康保险的孕妇在怀孕超过 4 个月时可以得到 42 万日元的生育一次性给付金。产妇在产后第 57 天开始到孩子 1 岁或 1 岁半，除了育儿假之外，政府还会给予"育儿休假补助金"。此外，日本政府还对低收入家庭提供免费上大学的机会，并将部分财政经费用于改善儿童看护人员的待遇。日本政府鼓励生育的开支主要通过提高消费税来实现，同时企业也承担了一部分。1997 年日本的消费税为 5%，2014 年上调至 7%，2019 年 10 月再次上调至 10%。然而，由于日本的孕龄妇女人数不断下降，最近几年日本的生育率虽然提高到 1.4，但仍处于很低的水平，2018 年的出生率为 1.43。当前日本政府将生育率目标设定为 1.8，并试图通过继续增加日托中心的数目和提供更多的育儿假来平衡妇女的工作与生活，从而增加生育。

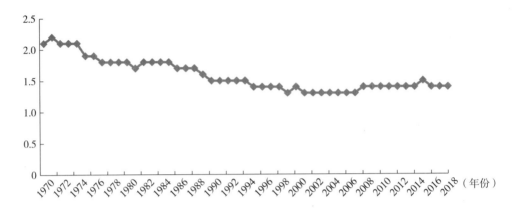

图 6-7　1970~2018 年日本生育率（每名妇女生育数）

资料来源：经济合作与发展组织（OECD）数据库。

（二）提高劳动参与率

自 1992 年以来，日本劳动年龄人口占比不断下降，到 2017 年劳动年龄人口在总人口中所占比重仅为 60.1%。为了应对劳动力短缺问题，日本政府出台了相关法律以提高劳动参与率，特别是老年人口劳动参与率。早在 1971 年日本就颁布了《高年龄者等雇佣安定法》，要求企业在包括"导入继续雇佣制度""提高退休年龄""废除退休限定"在内的三项措施中强制性的选择执行。为了提高老年人口的劳动参与率，日本国会于 2013 年通过了《高年龄者雇佣安定法》。根据该法案，对于有工作意愿的人，企业原则上将员工雇佣到 65 岁即把 65 岁定为"继续雇用年龄"并作为企业的一种义务规定下来。目前，日本政府计划修改该法律并逐步把年龄上限提高至 70 岁。此外，为了支持老年人口就业，日本建立了大量的老年人才中心为老年人口提供就业帮助。图 6-8 显示了日本 1968~2017 年的劳动参与率。1968~1975 年日本的劳动参与率呈下降趋势，由 69.1% 下降至 67.2%，此后劳动参与率在波动中不断提高，到 2017 年达到 77.5%，为 1968 年以来的最高水平。

同时，日本政府也出台相关政策促进女性就业和生育。通过减轻女性的抚养幼儿负担，增加幼儿园等儿童保育设施，为女性提供更为便利的工作环境。2015 年日本国会出台《促进女性就业和升职法案》，扩大女性得到雇用及升迁机会，并计划到 2020 年女性在管理职位中的比例达到 30%。2016 年日本政府修订了《男女就业机会和待遇均等法》《育儿和家庭照料休假法案》和《生育和育儿支援法案》，主要目的在于减轻生育和照料儿童对女性工作的压力，改善女性的工作环境等。2017 年日本政府继续修订了《育儿和家庭照料休假法案》，规定从 2017 年 10 月开始日本女性的育儿假最长可延长至孩子 2 岁。在这两年期间母亲的收入都由政府从雇佣保险中发放。2018 年底日本政府宣布了多项补贴措施，包括自 2019 年 10 月起日本 3~5 岁幼儿的教育费全免、2020 年 4 月开始对贫困家庭大学生进行补助等。一系列政策措施的推出使得日本女性的劳动参与率近年来不断提高。由图 6-8 可知，20 世纪 70 年代由于大量女性劳动力人口主动或被动选择不从事工作，日本女性劳动参与率一度低于 50%。此后日本女性的劳动参与率不断提升，2017 年该指标已经达到 67.5%。反观中国女性的劳动参与率从 1990 年的 79.38% 逐步下滑到 2017 年 69.84%，在当前阶段中国和日本的女性劳动参与率基本持平。

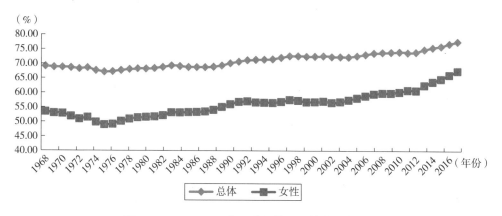

图 6-8　1968~2017 年日本总体及女性劳动参与率

资料来源：经济合作与发展组织（OECD）数据库。

（三）重视科研和教育

日本是全球科技与教育水平最高的国家。刘文、张琪（2017）比较了中日韩三国人口老龄化对人力资本的影响，指出由于中日韩三国个体特征的存在，导致人口老龄化对人力资本投资的影响程度不同，出现两方面的差异：一是在相同的老龄化水平下，三国人力资本投资水平的起点不同：首先是日本的人力资本投资水平最高，其次是韩国，最后是中国。这些结果与三国社会制度、经济政策和对教育的支持程度和结构等有关。二是人口老龄化对人力资本投资的影响阶段不同。目前，中国人口老龄化水平的加深会促进其人力资本投资，韩国和日本的人口老龄化水平对其人力资本投资有抑制作用，日本抑制作用最强。中国正处于人口老龄化对人力资本投资的促进阶段，韩国处于平稳阶段，而日本则已处于下降期。日本对人力资本投资的重视可以概括为以下四个特点：一是高度重视对青少年的教育；二是积极投资科研活动；三是学历教育与职业教育并重；四是积极开发老年人口继续教育。

第一，日本高度重视对青少年的教育，大力培育富有开拓精神的独创性人才。日本的教育体系和教育内容在重视知识传授的同时深受欧美教育的影响，吸收了发达国家的教育理论和经验，在课程设置和教学内容上均较为灵活，兼顾应试教育与综合能力的培养。在国际上，日本青少年在多项国际学科评估项目中名列前茅。表 6-5 和表 6-6 分别显示了 2003 ~ 2018 年在国际学生评价项目（Programmer for International Student Assessment，PISA）中数学成绩和科学成绩排名前十位的国家。该项目由经合组织发起，主要评价学生的阅读素养、数学素养及科学素养，具体涉及学生必须掌握的内容、必须实施的学习过程以及知识与能力应用的情况等。日本青少年在 PISA 项目的历次科学与数学成绩均名列前茅，显示出日本基础教育体系的优越性。

第二，积极投资科研活动。自 20 世纪 80 年代以来，美国等西欧国家开始警惕日本经济的高速发展并发动贸易战以迫使日本企业支付高昂的专利使用费。在这样的背景下，日本政府提出了"科学技术立国"的口号，从重视应用和开发转向重视基础型研究开发活动。为此，日本政府采取了一系列措施，包括改善科研体制和人事制度，鼓励研究机构、高校和企业之间开展交流合作等。由图 6-9 可知，1981 年日本的 R&D 开支占 GDP 比重为 2.05%，低于美国、德国和英国等 G7 国家的水平。此后日本的研究投入大幅增加，1990 年研发开支占 GDP 的比重达到 2.71%，自此成为 G7 国家中研发投入占比最高的经济体。2016 年日本研发投入占比为 3.14%，是 G7 国家中唯一占比超过 3% 的国家。除了大力支持研究开发活动以外，2001 年日本政府推出了一项科学计划，口号是"50 年内拿 30 个诺贝尔奖"。从计划实施以来至 2018 年底，获得诺贝尔奖的日本人已有 18 位。对科研活动积极投入的直接结果是日本储备了大量的科研人才和强大的科研创新能力，使日本许多高科技产业在全球范围内具有竞争优势，能够在相当长的时间内保持经济和技术大国的地位。

第三，学历教育与职业教育并重。日本的职业教育已经形成了较为完整的体系。由学校、企业和公共职业机构共同组成了现行的职业教育体系。日本绝大多数学校已把职业体验作为一门正式课纳入学校的课程之中。同时，日本企业为不同层次的员工提供培训，注重提高员工的综合素质和职业精神。日本政府早

表6-5　2003～2018年国际学生评价项目（PISA）数学成绩排名前十的国家

排名	2003年 国家	分数	2006年 国家	分数	2009年 国家	分数	2012年 国家	分数	2015年 国家	分数	2018年 国家	分数
1	芬兰	544	芬兰	548	韩国	546	韩国	554	新加坡	564	中国	591
2	韩国	542	韩国	547	芬兰	541	日本	536	中国香港地区	548	新加坡	569
3	荷兰	538	荷兰	531	瑞士	534	瑞士	531	中国澳门地区	544	中国澳门地区	558
4	日本	534	瑞士	530	日本	529	新西兰	523	中国台湾地区	542	中国香港地区	551
5	加拿大	532	加拿大	527	加拿大	527	爱沙尼亚	521	日本	532	中国台湾地区	531
6	比利时	529	日本	523	荷兰	526	芬兰	519	韩国	524	日本	527
7	瑞士	527	新西兰	522	新西兰	519	波兰	518	瑞士	521	韩国	526
8	澳大利亚	524	澳大利亚	520	比利时	515	加拿大	518	爱沙尼亚	520	爱沙尼亚	523
9	新西兰	523	比利时	520	澳大利亚	514	比利时	515	加拿大	516	荷兰	519
10	捷克	516	爱沙尼亚	515	德国	513	德国	514	新西兰	512	波兰	516

资料来源：经济合作与发展组织（OECD）数据库。

表 6-6　2006~2018 年国际学生评价项目（PISA）科学成绩排名前十的国家

排名	2006 年		2009 年		2012 年		2015 年		2018 年	
	国家	分数	国家	分数	国家	分数	国家	分数	国家	分数
1	芬兰	563	芬兰	554	日本	547	新加坡	556	中国	590
2	加拿大	534	日本	539	芬兰	545	日本	538	新加坡	551
3	日本	531	韩国	538	爱沙尼亚	541	爱沙尼亚	534	中国澳门地区	544
4	爱沙尼亚	531	新西兰	532	韩国	538	中国台湾地区	532	爱沙尼亚	530
5	新西兰	530	加拿大	529	波兰	526	芬兰	531	日本	529
6	澳大利亚	527	爱沙尼亚	528	加拿大	525	中国澳门地区	529	芬兰	522
7	荷兰	525	澳大利亚	527	德国	524	加拿大	528	韩国	519
8	韩国	522	新西兰	522	爱尔兰	522	中国香港地区	523	加拿大	518
9	斯洛文尼亚	519	德国	520	荷兰	522	韩国	516	中国香港地区	517
10	德国	516	瑞士	517	澳大利亚	521	新西兰	513	波兰	511

资料来源：经济合作与发展组织（OECD）数据库。

在 1951 年就颁布了《产业教育振兴法》。产业教育是指"初中、高中、大学和高等专科学校为了使学生掌握农业、工业、商业、水产业和其他产业所必需的知识、技能和态度所进行的教育"。日本通过立法的方式促进了产学结合，学生在学校学习的课程与在企业学习的课程相互认可。此外，公共职业机构还提供了包括能力再开发、提高训练等在内的公共培训作为学校教育和企业教育之外的重要补充。

第四，积极开发老年人口继续教育，推行终身教育。自 20 世纪 70 年代开始，日本政府出台了针对老年教育的专项补贴。1977 年在日本政府的大力推动下，日本成立了第一所老年大学——世田谷老年大学。该大学以增进老年人的福利与终身教育为目标，老年学员在导师的指导下进行为期两年的学习活动。随着人口老龄化的推进，自 20 世纪 90 年代以来，日本政府更加重视老年教育并出台了一系列政策和措施以强化老年人才资源的开发。1990 年日本国会颁布了《终身学习振兴法》，这项法律的出台使日本成为了世界上第一个在法律层面上确定终身教育模式的国家。除了建立老年大学等高等机构以外，日本的民间机构也参与办理老年教育。此外，日本国内还建立了多个老年俱乐部，给老年人提供了更多的学习机会。

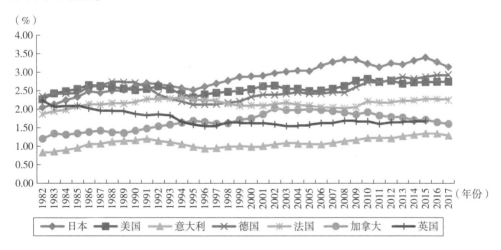

图 6-9　1982~2017 年 G7 国家 R&D 支出占 GDP 比重

资料来源：经济合作与发展组织（OECD）数据库。

（四）开发老年人力资本

面对日益严峻的人口老龄化问题，开发老年人力资源是大势所趋，日本政府和企业界已经从立法、政策、管理等多个角度实践开发老年人力资本。目前，日

本已经将开发老年人力资本确定为劳动雇佣政策之一，通过逐步延迟退休年龄的方式，促进老年人的就业和再就业。

第一，建立和完善开发老年人力资本的政策措施。1970年日本的人口老龄化率超过了7%，开始步入老龄化社会。针对这一现象，1971年日本实施了《中老年人就业促进法》。随着日本经济增速在20世纪70年代以后逐步放缓，日本企业纷纷进行雇佣调整，使老年人的就业和再就业难度很大。为了预防中老年人的失业问题，1974年日本政府颁布了《就业保险法》。这一时期，日本政府的政策措施主要针对企业离职或者退休后的中年人再就业问题。1986年日本推出《高龄者雇佣安定法》（以下简称《安定法》），该法案可以称为日本老年人就业立法的核心。日本政府于1998年修改《安定法》，以法律的形式明确规定企业有义务雇佣老年人至60岁。2000年日本政府推出《高龄者雇佣安定法》的修改案，明确规定今后企业将雇佣老年人到65岁。2012年日本政府再次修改《安定法》并于2013年开始实施。修改后的新法包括以下三个要点：一是企业取消继续雇佣的限制条件，让有工作意愿的员工都可以工作到65岁；二是继续扩大雇佣老年人的企业范围，法人企业及其子公司以及与子公司相关联的所有公司都有义务继续雇佣老年人；三是加强对企业的惩戒力度。修订法案明确规定政府有权将违反制度的企业名称公之于众，公共职业介绍所将拒绝受理该企业的招聘员工手续。通过修改相关法律，老年人的就业相关问题变得有法可依，从而提高了老年人工作的积极性。

第二，积极推动健康老龄化。日本作为世界上人口老龄化程度最高的国家，同时也是世界第一长寿国家。随着国民平均寿命的延长，日本政府高度重视老年人的健康问题。"健康老龄化"口号由世界卫生组织1990年提出，是指社会上的大多数老年人在身体、心理、智能、社会和生活等方面依然保持着正常状态，老年人有能力继续参与社会活动。日本政府在1995年制定并实施了《高龄社会对策基本法》。该法案明确指出要构建能够确保国民终生就业、终生参与多种多样的社会活动的社会。2012年日本政府推出了修订的《高龄社会对策大纲》，提出了"人生90年"的口号。为了缓解养老护理所面临的问题，日本政府于2000年推出了《护理保险制度》。该制度规定，凡年满40周岁以上的国民必须参加护理保险。护理保险制度的费用由税金和保险金两部分组成，两者各占50%。其中，税金部分由国家和地方政府承担90%，保险金来自被保险人缴纳的保费。被保险人在接受护理服务时只负担护理服务总费用的10%，从而在很大程度上减轻了老年人在养老护理时面临的经济负担。

第三，实行弹性退休机制。目前日本针对不同人群实行不同的退休机制，主要包括以下三种类型：第一类是国家和地方公务员以及公立中小学和高中的教职人员。法律规定这类人的退休年龄原则上是 60 岁，少数国家公务员可以适当延迟退休。第二类是企业员工。日本法律并未对企业员工规定退休年龄。日本企业为了解决劳动力不足的问题，积极运用弹性退休和继续雇佣制度，实施 65 岁退休、延迟退休或取消退休制度的企业数量不断增多。一些大企业设立了自己的企业年金，为本企业员工提供一定程度上的退休收入保障。第三类是高中、大学和私立中小学的教师。日本法律并未规定这一人群的退休年龄。日本的大学可以根据自身的需求适当调整退休制度。2004 年以前，日本国立和公立大学教职人员属于国家和地方公务员范畴，其退休年龄也按照国家和地方公务员的标准执行。2004 年以后日本开始实行国立和公立大学法人化，大学可以自己决定教职人员的退休年龄。目前，日本国立和公立大学教职人员的退休年龄一般为 63~65 岁。日本的私立大学自主性更强，有的大学不设退休年龄。

第四，重视开发老年人力资源。日本政府采取了各种措施开发老年人力资源。例如，2015 年日本政府提出了《中小企业白皮书》，指出中小企业可以聘用那些有着在大企业工作经验的退休员工，让他们来担当技术指导等职位。为了最大限度地发挥老年人的能力和积极性，日本政府还提出了建立支援中老年再就业、强化老年人才中心等。日本的厚生劳动省开展了促进老年人就业的竞赛，奖励那些积极促进老年人就业的企业。此外，日本在开发老年人力资源的过程中非常注重舆论的引导。在日本，每年的 9 月 15 日为敬老日，日本的主要媒体都会在此期间发布大量有关敬老和养老的内容，报道政府在退休人员再就业、老年人福利设施等方面做出的努力，已引起全社会对老龄问题的关注。日本从 1986 年开始在各大城市设立"银发人才中心"，将辖区内 60 岁以上愿意在社区范围内工作的老年人的特长、技能及希望工作时间等记录在册，然后提供相应的短期工作岗位和机会。"银发人才中心"经常对老年人进行职业培训，让老年人掌握更多的技能，为再就业创造有利的条件。

第二节　德国应对人口老龄化开发人力资本红利的经验分析

一、德国人口老龄化与经贸发展情况概述

表 6-7 显示了德国的人口年龄结构。德国早在 1960 年 65 岁及以上老年人口

在总人口中所占的比重就超过了 10%。1976 年德国 65 岁以上人口占比超过 15%，2008 年进一步超过 20%，进入了超级老龄化社会。2018 年德国 65 岁以上老年人口占总人口的比重达到了 21.46%，是 1960 年以来的最高水平。与老年人口在总人口中所占比重不断提升相对应的是德国 0~14 岁年轻人口在总人口中比重的不断下滑。1960 年日本 0~14 岁人口所占比重达到 21.45%，到 1978 年这一指标下降至 19.87%。1998 年德国 0~14 岁人口占总人口的比重降至 15.97%，65 岁以上老年人口占总人口的比重增至 15.98%，老年人口比重首次超过年轻人口比重。自 1960 年以来，德国的劳动年龄人口占比经历了"下降—上升—下降"的变化趋势：1960 年德国劳动年龄人口占比 67.08%，该指标逐步降低到 1971 年的 62.93%，此后劳动年龄人口占比逐渐提高，1986 年占比达到 69.71%，此后劳动年龄人口占比开始下降，2018 年德国劳动年龄人口占总人口的比重降至 64.92%，为 1960 年以来的最低水平。随着人口老龄化，德国人口的平均寿命也逐年提升。由图 6-10 可知，德国的人口平均寿命由 1960 年的 69 岁逐步上升到 2018 年的 81 岁。其中，女性的平均寿命在 2018 年达到 84 岁，男性的平均寿命达到 79 岁。

表 6-7　德国人口结构　　　　　　　　　　单位:%

年份＼年龄	0~14 岁	15~64 岁	65 岁及以上	年份＼年龄	0~14 岁	15~64 岁	65 岁及以上
1960	21.45	67.08	11.47	1975	21.66	63.49	14.85
1961	21.66	66.65	11.69	1976	20.99	63.85	15.16
1962	21.98	66.14	11.88	1977	20.42	64.16	15.42
1963	22.36	65.58	12.07	1978	19.87	64.52	15.61
1964	22.68	65.06	12.26	1979	19.26	65.04	15.70
1965	22.91	64.62	12.47	1980	18.57	65.78	15.65
1966	23.19	64.11	12.70	1981	18.06	66.40	15.53
1967	23.35	63.72	12.93	1982	17.45	67.26	15.29
1968	23.41	63.43	13.16	1983	16.81	68.19	15.00
1969	23.40	63.21	13.39	1984	16.29	68.98	14.74
1970	23.32	63.07	13.60	1985	15.94	69.49	14.57
1971	23.18	62.93	13.89	1986	15.75	69.71	14.54
1972	22.91	62.93	14.16	1987	15.70	69.71	14.59
1973	22.53	63.05	14.42	1988	15.76	69.54	14.70
1974	22.11	63.24	14.65	1989	15.86	69.33	14.81

续表

年龄 年份	0~14 岁	15~64 岁	65 岁及以上	年龄 年份	0~14 岁	15~64 岁	65 岁及以上
1990	15.95	69.14	14.91	2005	14.42	66.72	18.87
1991	16.06	68.88	15.05	2006	14.17	66.50	19.32
1992	16.15	68.67	15.19	2007	13.98	66.31	19.70
1993	16.19	68.50	15.31	2008	13.84	66.14	20.02
1994	16.23	68.36	15.40	2009	13.71	65.99	20.30
1995	16.26	68.27	15.48	2010	13.57	65.88	20.55
1996	16.13	68.19	15.68	2011	13.51	65.79	20.71
1997	16.05	68.12	15.83	2012	13.43	65.75	20.82
1998	15.97	68.05	15.98	2013	13.33	65.73	20.94
1999	15.85	67.96	16.19	2014	13.25	65.68	21.06
2000	15.67	67.84	16.49	2015	13.22	65.56	21.22
2001	15.49	67.61	16.90	2016	13.32	65.40	21.29
2002	15.23	67.37	17.40	2017	13.45	65.18	21.37
2003	14.93	67.14	17.93	2018	13.62	64.92	21.46
2004	14.65	66.91	18.44				

资料来源：Wind 数据库。

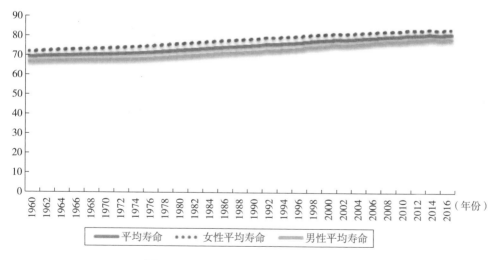

图 6-10　1960~2017 年德国人口平均寿命

资料来源：Wind 数据库。

德国作为欧盟第一大经济体（见图6-11），经济发展水平在全球处于领先地位。德国的经济结构与日本类似，表现为服务业在所有经济部门中占比最多且呈逐步上升趋势，制造业占比低于服务业并存在缓慢下降的趋势，农业部门占比很低（见图6-12）。与日本不同的是，德国作为出口导向型经济体，出口部门对德国经济有着十分重要的影响。德国的货物进出口长期保持顺差，欧洲是德国最主

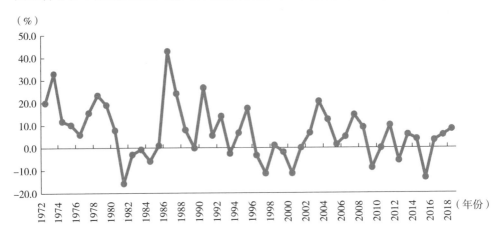

图 6-11　1972~2018 年德国 GDP 增速

资料来源：经济合作与发展组织（OECD）数据库。

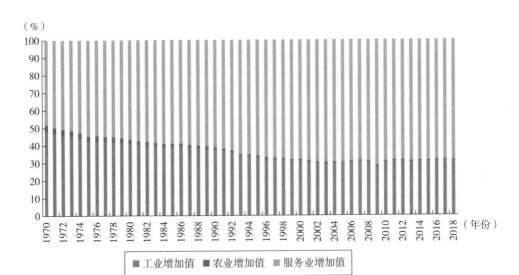

■ 工业增加值　■ 农业增加值　■ 服务业增加值

图 6-12　1970~2018 年德国产业结构

资料来源：Wind 数据库。

要的出口市场。从出口商品结构上来看，德国是全球主要的汽车产品、机械设备和化工产品的出口国。由表6-8可知，1995~2018年，德国的出口总额逐年提升，但占全球总出口的比重呈下降趋势，占比由1995年的10.23%下降至2018年的8.05%。相比而言，德国的对外直接投资从金额到占比均低于日本且占比由1995年的10.9%下降至2018年的7.6%（见表6-9）。

表6-8　1995~2018年德国货物贸易出口总额及占比　单位：亿美元，%

年份 出口总额 及占比	1995	1996	1997	1998	1999	2000	2001	2002	2003	2004	2005	2006
出口总额	5237.0	5241.7	5124.4	5435.6	5428.4	5496.1	5714.3	6160.0	7485.3	9117.4	9771.3	11219.6
占比	10.23	9.79	9.20	9.95	9.60	8.61	9.31	9.57	9.97	9.93	9.34	9.26

年份 出口总额 及占比	2007	2008	2009	2010	2011	2012	2013	2014	2015	2016	2017	2018
出口总额	13288.4	14574.6	11258.4	12677.4	14838.0	14101.5	14509.4	14981.6	13285.0	13407.5	14466.4	15625.5
占比	9.49	9.03	8.99	8.31	8.09	7.63	7.64	7.89	8.03	8.38	8.18	8.05

资料来源：联合国贸易和发展会议（UNCTAD）数据库。

表6-9　1995~2018年德国对外直接投资及占比　单位：百万美元，%

年份 对外直接 投资及占比	1995	1996	1997	1998	1999	2000	2001	2002	2003	2004	2005	2006
FDI	39049	50805	41798	88825	108688	57086	39889	18943	5568	20312	74543	116680
占比	10.9	13.0	9.0	13.1	10.1	4.9	5.8	3.8	1.1	2.2	8.9	8.6

年份 对外直接 投资及占比	2007	2008	2009	2010	2011	2012	2013	2014	2015	2016	2017	2018
FDI	169320	71507	68541	125451	77929	62164	42270	91842	109892	71244	91799	77076
占比	7.8	4.2	6.2	9.1	5.0	4.9	3.1	7.1	6.5	4.6	6.4	7.6

资料来源：联合国贸易和发展会议（UNCTAD）数据库。

二、德国应对人口老龄化开发人力资本红利的经验分析

（一）鼓励生育

20 世纪 60 年代德国的生育率始终高于 2.1 的世代更替水平。1970 年以后德国的生育率迅速下降，由 1970 年的 2.03 下降至 1979 年的 1.38。此后德国的生育率始终维持在较低的水平，1994 年的生育率甚至降低至 1.24。面对如此严峻的状况，德国政府长期持续地鼓励生育，并取得了一些成效。2005 年以来德国的总和生育率逐步提高，2018 年生育率重新达到了 1.57（见图 6-13）。德国政府主要通过财政补贴的方式进行生育促进。在德国，每一个新生儿能够为家庭带来每年 7428 欧元的免税额度或者每月 194 欧元的抚养金，直至新生儿年满 18 岁。此外，如果新生儿接受了大学教育，补贴将持续到其年满 25 岁。如果新生儿存在残障，补贴也将持续到 25 岁。对于贫困家庭，政府还将给予额外的育儿补贴。在新生儿出生后，父母双方共有 8 周的带薪产假，且一共最长可以享受 3 年的育儿假，之后再回到工作岗位且不会失去工作。此外，长期以来德国三岁以下儿童的托管费用需要家庭负担。为了鼓励生育提高生育率，德国各州陆续开始采取措施，建立更多的儿童托管机构并逐步减免托管费用。

（每名妇女生育数）

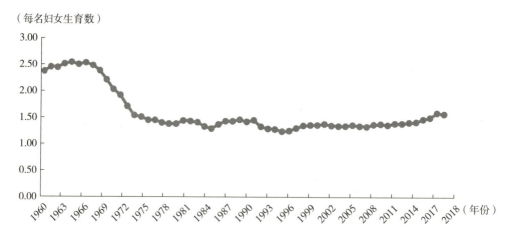

图 6-13　1960~2018 年德国生育率

资料来源：世界银行数据库。

（二）投资人力资本，发展职业教育

德国的人力资本开发主要体现在大力投资公共教育和完善职业教育体系两个方面。

一方面，作为欧洲最大的经济体，德国高度重视教育并大力投资教育和研发活动。首先，从研发投入水平上来看，2017年日本的研发支出占GDP的比重为3.14%，德国为2.93%，占比分列G7国家的前两位。在共给教育投入方面，德国公共教育支出占GDP的比重比日本更高。由图6-14可知，1993年以来日本的公共教育支出占GDP的比重维持在3.5%左右，而同期德国的公共教育支出占GDP比重接近5%且呈逐渐上升趋势。这一占比在欧盟乃至全球范围内都处于领先地位。

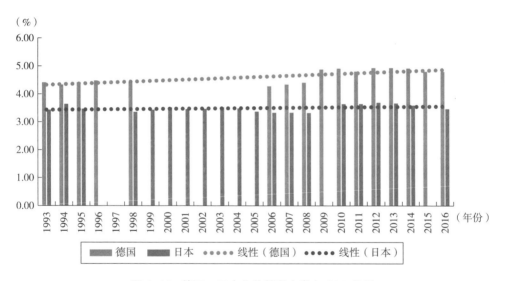

图6-14 德国、日本公共教育支出占GDP比重

资料来源：经济合作与发展组织（OECD）数据库。

德国的教育体系大致上可以分为四个层次：基础教育、高等教育、职业教育和继续教育。基础教育阶段实施义务教育，公立学校免费就读。在接受了基础教育后，德国的青少年可以选择两条途径接受教育：一个途径是小学毕业后进入文理中学再升入大学，该路径培养的是从事科学研究或者理论研究的人才；另一个途径是小学毕业后进入实验中学再就读职业学校，这是一条直接就业的路径，培养的技术工人。

　　另一方面，在德国的整个教育体系中，职业教育占据了非常重要的地位。这种职业教育模式被很多人视为德国在"二战"后能够迅速恢复经济并高速发展的原因之一。德国的职业教育具有"双元制"特征（Dual System），即由学校和企业公共完成职业教育。其中，企业为主导方，学校为辅助方。学生在接受教育之前首先与企业签订合同，成为企业的学徒，然后进入职业学校接受教育和培训，毕业时需要通过企业所在行业协会的考核。在职业学校中，学生一方面要学习专业的理论和文化教育，另一方面也要进入企业进行职业实践。双元制教育强调的是学习是为了工作，理论课程的学习是为了实际工作的需要。同时，这一教育体系也具有相当的灵活性，表现为青少年选择进入职业教育型学校后，仍然可以回到学术型学校学习。德国的职业教育体系为企业提供了一个稳定且高质量的人才库，丰裕的人力资本资源确保了德国制造业在全球范围内保持竞争优势地位。

　　健康是人力资本的重要组成部分。人力资本与人的不可分割性决定了个人的体能、精神和健康状况将直接影响着一个人的人力资本投资效率与发挥程度。个体劳动者所拥有的人力资本存量主要由知识、技能、健康、工作经验等要素共同构成。德国在人力资本投资领域的一个特点是重视健康人力资本。图 6-15 比较了德国与日本 1995 年以来的人均卫生医疗支出情况。通常来说，较高的卫生和医疗支出能够更好地保障个体的身体健康状况。可以看到，德国的人均卫生医疗开支在绝大多数年份都高于日本。

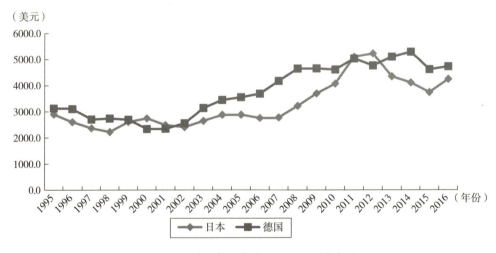

图 6-15　德国与日本的人均卫生医疗支出

资料来源：经济合作与发展组织（OECD）数据库。

（三）调整移民政策

与日本不同，德国在缓解人口老龄化导致的劳动力短缺问题时，将移民政策作为了一个重要的工具（见图 6-16）。第二次世界大战结束后德国经济迅速恢复并经历了长达 20 多年的高速增长。在经济高速发展的过程中，德国许多工业部门中都出现了劳动力不足的问题。作为一个出口导向型的国家，为了吸纳更多的劳动力用于大规模生产，德国于 1961 年起与土耳其、摩洛哥、突尼斯等国签署了客籍工人协定。在这些客籍工人进入德国时几乎没有技能或学历上的要求，大量的客籍工人作为底层的廉价劳动力进入德国生产部门，降低了生产成本并为德国的经济发展提供了劳动力基础。1990 年两德统一后，德国迎来了新一轮的移民潮。这次移民主要包括滞留海外的德意志人以及来自南斯拉夫和巴尔干地区的难民，这一轮移民潮使得德国在 1990~2000 年年轻人口出现了正增长。

（人）

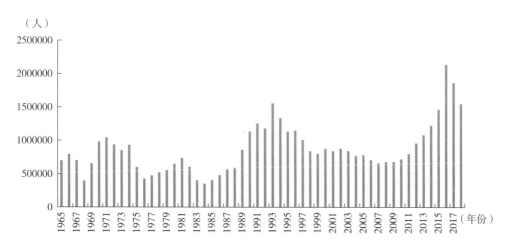

图 6-16　1965~2018 年德国外来移民人数

资料来源：经济合作与发展组织（OECD）数据库。

尽管吸纳了大量的客籍工人与战争难民，但德国政府始终没有明确地表示德国是一个移民国家，也没有明确颁布过任何移民法。2000 年以来，随着经济全球化的深入发展，欧盟内部的人口流动性不断提高，加上社会老龄化程度加剧带来的养老压力与劳动力短缺等问题，德国在 2010 年以后不断调整和放宽移民政策。根据德国联邦统计局的数据，截至 2017 年底德国境内生活着 1220 万非本国出生居民，占总人口的 14.5%，而同年日本非本国出生居民仅为 204 万人，占总人口不到 2%。2018 年德国常住人口约为 8300 万，较 2017 年增加约 38.6 万人，移民的到来是人口增加的主要原因。目前，德国已经成为仅次于美国的全球第二大移民净流入国。2019 年德国政府通过了《移民法》，也称《技术移民法》。根据该法案，对于来自非欧盟国家的具备大专及以上学历或技术工人，只要掌握了基础水平的德语，并能够自行负担找工作期间的生活费用，德国政府将为其签发为期六个月的工作签证；如果外国居民能够在此期间找到工作，那么德国当局将为其签发长期工作签证；如果外国居民在德国从事的工作对应的工资达到一定的引进人才标准，那么还可直接向劳动局申请能够携带配偶的欧盟蓝卡。德国政府和有关部门认为，《移民法》将从法律层面上确保德国能够获得更多的专业人才流入，从而保障德国的经济持续增长。在目前主要发达国家都在收紧移民政策的背景下，德国此举可能有助于增强德国在全球范围内的国际竞争力。

(四) 调整退休制度

自 20 世纪 70 年代以来，由于人口老龄化程度的加剧与经济增速放缓，德国开始逐步调整和改革退休制度以及养老保险体系。进入 21 世纪后，德国对退休制度、就业政策和养老保险体系进行了一系列协同变革，以达到增加劳动力供给、降低社会养老负担的目的。

第一，延迟退休年龄，实行弹性退休制度。根据德国《1992 年养老金改革法》，德国男性的退休年龄在 2000~2001 年由 63 岁延长至 65 岁；女性的退休年龄在 2001~2006 年由 60 岁延长至 65 岁。2011 年开始，德国政府决定在 12 年时间里将退休年龄提高到 66 岁，然后加速在 6 年时间里将退休年龄提高到 67 岁，即到 2030 年德国将实现把法定退休年龄提高至 67 岁。目前德国很多专家和学者在讨论要在未来进一步把德国法定退休年龄推迟到 70 岁。

第二，为了实现有弹性的退休制度，德国政府将养老金发放作为调整退休年龄的工具。具体地，德国政府在 1992 年开始实施养老金奖惩机制，在公共养老金发放的计算公式中加入了时间调节因子。对于在法定年龄正常退休的参保者，其养老金时间系数为 1，如果参保者早于法定年龄退休，时间系数将进行相应的扣减；如果参保者延迟退休，时间系数将进行相应的增加，每超过法定退休年龄一个月，时间系数增加 0.5%，延迟一年退休的参保者领取养老金的时间系数将增加 6%。德国通过奖惩机制来限制提前退休，鼓励延迟退休。

第三，为了减轻社会的养老负担，德国逐步提高养老保险缴费率并减少公共养老支出。德国 1992 年将养老保险费率由 18.5% 调整至 19.2%。1996 年德国通过了《经济增长和就业促进法》，扩大了养老保险缴费的来源并对免除缴纳养老保险的条件进行了严格的规定。2001 年德国通过了《养老保险改革法》，规定要渐进提高养老保险费率。自 1992 年以来 19.2% 的缴费率将逐步提高到 2030 年的 22%。

(五) 开发老年人力资本

随着退休年龄的上调和近年来经济的不景气，德国越来越多 65 岁以上的老年人在继续工作或选择退休后再就业。根据德国联邦统计局的数据，2006 年德国 60~64 岁的老年人就业比例约为 30%，65~69 岁仍在工作的老年人的比例约为 7%；2016 年 60~64 岁和 65~69 岁两个年龄段仍在工作老年人的比例分别增至 56% 和 15%。老年人的社会角色逐步发生转变，那些拥有较高学历、广泛的人脉资源与工作经验的老年人能够为企业和社会提供良好的服务。

然而，现实中企业在雇用老年人时往往存在很多顾虑并倾向于雇用较为年轻的劳动力，大部分企业都不愿意雇用 50 岁以上的普通员工，老年人在就业市场上受到年龄歧视的现象很普遍。为此，德国政府建立了开发老年人力资本、促进老年人就业的配套政策，即促进 50 岁及以上劳动者就业的"动议 50+"计划。该计划针对劳资双方共同展开：针对劳方，为老年劳动者提供失业保险，鼓励老年人选择从事工资待遇不及失业前的工作并由失业保险公司支付一定比例的补偿；针对资方，建立多层次的企业补贴机制对企业给予补贴，要求企业必须为老年劳动者提供相关工作岗位。

第三节　经验总结与中国启示

借鉴日本和德国的经验与教训，中国应尽早着手做好应对人口老龄化时代到来的对策措施。为了降低人口红利减少对中国经济发展的不利影响，积极开发人力资本红利，保证经济的可持续增长。总结日本和德国在应对人口老龄化问题上的经验，对我国主要有以下五点政策启示。

第一，鼓励生育，降低育儿成本。日本和德国在提高生育率方面已经做出了大量的努力，事实上目前在生育率低于更替水平的国家和地区，鼓励生育的措施已经极为普遍。从实施效果来看，尽管许多发达国家大力鼓励生育，但生育率仍然无法恢复到更迭水平。我国长期严格执行计划生育政策直到 2016 年才开始实施"全面二孩"政策，可以预计我国提升生育率也有着不小的难度。为此，我国应采取更为积极的举措鼓励生育。一方面，政府可以通过降低育儿成本来增加生育。例如，在保障并适当延长妇女的产假的同时，借鉴德国的理念和经验，给男性提供生育和抚养方面的带薪产假。当前我国许多家庭不愿意生育二胎的一个主要原因是看护孩子的时间和精力成本很高，许多地区儿童入托、入园存在困难。为了解决这个问题，政府应考虑兴建幼托中心并吸引更多的人才从事幼教工作。这方面我国可以学习日本的经验，逐步降低 0~3 岁的幼儿教育费用，最终实现政府提供免费的幼儿教育并将学前教育纳入义务教育的范畴。另一方面，政府可以通过补贴、奖励等方式增加生育。政府可以在现有生育津贴的基础上对生育二胎的家庭给予额外的生育补贴。日本和德国均在儿童从出生到成年以前每年给予家庭发放一定的育儿补贴。我国可以针对不同地区采取不同的补贴额度，并灵活使用现金补贴和税收抵扣等方式减轻育龄夫妇抚养孩子的负担。

第二，积极开发老年人力资源。政府应把老年教育和老年人力资源开发纳入国民经济和社会发展规划，并在政策、法规上给予支持和保障。当前中国的老年教育的管理体制处于边缘化、碎片化的状态，没有明确的负责规划、管理的部门，政府还没有充分重视老年教育问题（娄峥嵘，2012）。中国可以通过制定老年教育的规划、政策，增加对老年教育的财政预算，提高老年教育的覆盖面，扩展老年教育的项目和内容，注重老年教育的功能培养功能。日本的老年教育在培养老年人的生存能力的同时十分重视老年人的精神世界，为老年人提供自我完善和社交能力的开发。当前中国老年教育的重点在于开展老年人文化娱乐活动、丰富老年人生活，对老年人的自我发展、参与和服务社会的需求不够重视。为此，中国应转变老年教育的定位，将老年教育纳入终身教育体系，围绕提升人力资本这一目标开展老年教育。此外，中国的老年教育存在空间配置不均衡的问题。老年大学、老年活动中心等提供老年教育的机构和场所主要分布在经济发展水平较好的东部地区及大中城市。中西部地区以及乡镇和农村的老年人接受教育的权利难以保障。为此，中国可以借鉴日本的做法，提供覆盖广泛的多元化的老年教育，让全国各地的老年人都能拥有学习机会和渠道。

第三，适当延迟退休年龄，出台鼓励老年人就业的相关措施。此项举措的目的在于减轻人口老龄化带来的社会负担同时提高劳动参与率。当前中国面临着较为严峻的人口形势，生育水平持续稳定下降的同时老年人口规模迅速扩大、比例快速上升。应对人口快速老龄化导致的劳动力短缺可以通过提高生育率和劳动参与率两方面来实现。目前中国已经在生育政策上做出了重大调整，全面放开二孩生育。但放开二孩生育并不会改变人口的基本形势，也无法立即缓解劳动年龄人口减少的问题。为此，有关部门可以从提高劳动参与率着手，中国可以逐渐延迟退休年龄，实行弹性退休制度。我国现行退休年龄规定已经成为社会各界争论的焦点问题。参考日本、德国及其他发达国家的做法，我国政府可以根据人口预期寿命的变化制定合理的退休政策，适当提高退休年龄。此外，根据女性预期寿命普遍较男性更长的特点，对女性退休年龄进行调整，将女性退休年龄与男性退休年龄逐步接近或保持一致。在具体操作中，有关部门可以建立弹性退休机制，即在法定退休年龄的基础上允许劳动者在退休和继续工作之间进行自由选择，渐进式提高法定退休年龄，或对不同职业类型实行差异化的退休制度，并且可以对延迟退休的劳动力提供一定的激励，如推出提高养老金等政策措施。在延迟退休年龄的同时也可以适当地调整养老金发放的相关规定和措施，例如参考德国将养老金的发放制度与退休制度相结合，使用养老金系数调整机制对老年人退出就业产生负向激励等，一方面减轻国家的养老负担，另一方面缓解劳动力短缺、充分利用老年人力资本。

第四，投资教育和科研，培育竞争新优势。人口结构的老龄化基本上是一个无法避免的发展趋势。前文的分析显示，日本和德国鼓励生育的政策措施收效甚微。事实上，几乎所有进入人口老龄化阶段的国家都长期面临低生育率的问题。面对人口红利丧失、劳动力比较优势削弱的现实，中国需要积累人力资本创造新的竞争优势，为实现全球价值链分工地位攀升和实现经济转型升级提供新的动力。大量理论和实证研究表明，一国在国际分工中所处的地位与经济发展水平、人力资本的积累和科学技术的发展密不可分。"十三五"期间，中国以建立科技强国为目标，提出全面深化科技体制改革，大力推进以科技创新为核心的全面创新，着力增强自主创新能力，着力建设创新型人才队伍，着力扩大科技开放合作，着力推进大众创业万众创新等措施。在具体实施过程中，中国可以借鉴日本和德国在促进科技进步及培养相关人才方面的相关举措。例如，为了提高创新能力，相关部门可以进行科技体制改革，给科学技术人员提供资金支持和更加广泛的空间。此外，政府应鼓励企业成为创新活动的主体。当前日本几乎所有的大中型企业都设置了附属研发机构，一些大型企业甚至拥有多个研究机构分别从事不同类型的技术开发研究。确立企业在研发活动中的主体地位有助于科研成果与市场对接，提高科研成果的转化率。此外，借鉴德国发展职业教育的成功经验，将企业引入职业教育领域，有针对性地培养专业技术人才。

第五，促进人力资本结构高级化，助力出口结构升级。在投资教育和科研方面，增加人力资本存量的同时，政府和有关部门还应努力实现人力资本结构的调整和高级化。当前，我国人口平均受教育程度约为初中学历，人力资本水平较德国和日本明显偏低，受过高等教育的高端人才较为稀缺。随着人口老龄化的加剧，我国在劳动力数量和价格上的优势逐渐消失，想要以"人才红利"替代

"人口红利"促进出口结构升级，需要增加高级技能人才在人口中所占的比例，且高等教育和高端人才具有很强的外部性，是新时期实现我国以创新驱动经济发展的重要动力。这要求我们以科学发展观为指导，兼顾教育普及和质量提升，推动高等教育内涵式发展。我国的高等教育质量还有待进一步提升。借鉴德国、日本的高等教育人才培养模式，增强我国高等教育的灵活性和自主性，提倡创新精神和企业家思维，鼓励学术自由，在高端技术领域培养自主研发人才和高端管理人才。此外，给予高校教师和科研人员更多的自由度，我们可以借鉴日本的弹性退休模式，如允许大学老师自己决定退休年龄等。

本章小结

本章我们选取日本和德国两个老龄化程度较深、人力资本水平较高的国家，分析并比较了两国在应对人口结构变化、开发人力资本红利方面的经验与教训。日本和德国同为发达经济体，同时两国进入老龄化社会的时间较早、程度较深。为此，日本和德国从延缓人口老龄化进程、减轻人口红利消失的不利影响以及增加人力资本积累、创造人才红利等方面入手，采取了多种多样的政策措施以实现经济的可持续发展。从两国应对人口老龄化、开发人力资本红利采取的措施和效果上来看，虽然日德两国政府均大力鼓励生育，但日本的生育率在过去很长一段时间内持续走低，老龄化程度也更为严峻，表现为日本 65 岁及以上老年人占总人口的比重在 2018 年比德国高出 6 个百分点。相比之下，德国的生育政策起到了一定的成效，生育率由 2008 年的 1.38 逐步提高至 2018 年的 1.57。然而无论是日本还是德国，现有的生育率仍然远低于 2.1 的更迭水平，因此，两国在鼓励生育的同时也致力于增加劳动力供给，通过适当延迟退休年龄、提高劳动参与率、调整移民政策等措施试图增加劳动人口的数量。另外，日本人力资本投资高度重视科研和教育，德国大力完善公共教育和职业教育体系以及两国对老年人力资本开发的投入均取得了令人瞩目的成果。日本和德国在人力资本开发和积累方面实施的政策对于我国有着很强的借鉴意义。

第七章

结论和政策建议

第一节　主要结论和研究展望

一、主要研究结论

在过去几十年，世界多数国家的人口年龄结构都趋于老龄化。到 21 世纪末全球绝大多数国家都将迈入老龄化社会。从国内外统计数据、历次人口普查得出的数据来看，目前作为全球第一人口大国的中国老龄化程度正在不断加深，且中国的人口老龄化具有来得早、速度快等特点。这意味着在未来很长一段时间中，中国劳动年龄人口将持续减少，劳动力供给总量呈下降趋势。同时，老年人口比重的上升将加重劳动年龄人口的负担，给经济发展和社会保障带来诸多挑战。人口老龄化对一国的人口年龄结构产生深刻影响并改变劳动力供给情况，这将直接影响一国的要素禀赋和贸易模式。当前，包括中国在内的许多发展中国家都面临着人口老龄化程度不断加深导致传统劳动密集型产品比较优势逐渐削弱的问题。能否利用人力资本红利缓解人口红利下降带来的不利影响，进而实现本国比较优势的转化与出口结构升级成为许多发展中国家共同面临的重要课题。许多学者针对这一课题展开了研究。本书在现有文献的研究结论基础上，分析了人口老龄化、人力资本和国际贸易之间的关系，从理论和实证两个角度研究了人口老龄化背景下人力资本影响贸易模式的作用机制。本书的主要研究结论可以概括以下五点。

第一，人口老龄化是影响人力资本投资的重要因素。通过使用微观个体层面的数据，并控制了成年子女家庭和子女特征、学龄子女的所在学校特征以及所在

163

城市等特征后，实证研究表明，老年人与成年子女家庭间较强的代际联系能够显著地提升义务教育支出占家庭总收入的比重。这一结果可能通过以下两个路径实现：一是老年人与成年子女家庭代际联系越强，成年子女的养老负担也越大。成年子女在赡养老人上花费的时间和精力越多，越可能对自身的工作和经营产生不利影响，从而减少家庭总收入并提高义务教育支出占家庭总收入的比重。二是老年人与成年子女家庭代际联系越强，成年子女获得老年人的支持越多，较多的支持使成年子女更有条件投资教育，从而增加了家庭中义务教育支出占总收入的比重。此外，与和配偶共同居住的老年人相比，不与配偶共同居住的老年父母不利于增加成年子女家庭的义务教育支出占比。

第二，人力资本影响一国的贸易模式与全球价值链分工地位，同时国家间人力资本分布的差异与各国贸易模式的差异密切相关。发展中国家的人力资本存量与全球价值链分工地位显著正相关，人力资本存量的提升是发展中国家提升自身创新能力与技术水平的重要途径，从而能够直接提升出口产品的增值能力，进而提升国际分工地位。人力资本水平对一国的出口结构有显著的影响，表现为人力资本水平的提高会降低一国出口中劳动密集型产品所占的比重，这一结论在发达国家和发展中国家中均成立。一方面，由于劳动密集型产品的技术含量和增加值普遍较资本密集型产品更低，所以，一国出口产品结构中劳动力密集型产品占比下降意味着该国可能在出口中获得更多的贸易利得，即人力资本的增加有利于一国实现出口结构升级。另一方面，劳动密集型产业吸纳了大量的劳动人口特别是中低技能劳动力，出口中劳动密集型产品所占比重的下降可能导致这部分劳动人口的就业机会减少。如果大量的低技能劳动力无法通过接受教育或职业培训等方式增加自身的人力资本水平，那么劳动力市场上就可能出现结构型失业问题。人力资本分布的差异作为比较优势的基础将对各国的贸易模式产生影响。比较中国和印度两国的人力资本分布与出口贸易产品我们发现，人力资本分布较为集中的中国出口产品以货物为主，人力资本分布较为分散的印度出口产品中服务业占比相对较高。中国的货物出口以全球价值链产品为主，这些产品具有生产环节较多、生产链较长等特点；印度的货物出口以资源密集型产品为主，近年来越来越多地出口劳动力密集型产品。

第三，人口老龄化同样是贸易模式的影响因素。人口老龄化是我国出口贸易模式的格兰杰原因，表现为人口老龄化的推进将降低加工贸易出口在我国总出口中所占的比重。由于加工贸易出口的附加值普遍低于一般贸易出口，人口老龄化的推进可能在一定程度上倒逼我国的贸易部门实现贸易模式转换和出口结构升级。将人口老龄化与人力资本同时纳入模型的实证研究显示，总体上人口老龄化尚未对我国的出口总量构成负面影响，但在东部沿海省份，人口老龄化已经对地区出口产生了显著的不利影响。人力资本在全国和地区层面均对我国出口有显著的促进作用，且老龄化与人力资本对出口的交互效应显著为正，表明提升人力资本投资能够在一定程度上抵消人口老龄化对出口的不利影响。

第四，人口老龄化背景下人力资本影响贸易模式的作用机制表现在，一方面人口老龄化通过改变劳动力供给直接影响比较优势和贸易模式，另一方面也通过影响人力资本积累间接对贸易模式施加影响。使用中介效应模型的回归结果表明，人口老龄化通过降低我国劳动力要素的相对丰裕程度对我国劳动密集型产品的出口直接产生负面影响，同时人口老龄化也通过促进人力资本积累对劳动密集型产品的出口产生正面影响。中介效应为正的可能是因为两点因素：一是人口老龄化往往伴随着低生育率和预期寿命的提高。家庭新生儿数量的下降使平均每个孩子得到的教育投入增加从而提升个体人力资本水平，同时预期寿命的提高也可能促进个体增加人力资本投资。二是实证研究中使用公共教育支出占 GDP 的比重来衡量人力资本水平，与高等教育相比，公共教育更多是为个体劳动者提供学习基础知识与基本技能的机会，接受了公共教育的劳动者所具备的人力资本水平可能与劳动密集型生产环节较为匹配，从而促进了劳动密集型产品的出口。由于正面的中介效应小于负面的直接效应，总体上人口老龄化程度的加剧将显著降低劳动密集型产品在我国出口中所占比重。

二、本书的不足之处与研究展望

（一）不足之处

本书分析了人口老龄化背景下人力资本影响国际贸易模式的作用机制，分别从人口老龄化对人力资本投资的影响、人力资本对国际贸易的影响、人口老龄化对国际贸易的影响及人口老龄化与人力资本对国际贸易的共同影响以及影响路径进行了检验并取得了较为重要的研究结论。然而，本书仍然存在一些不足之处有待进一步完善相关研究。

首先，在人口老龄化背景下人力资本影响国际贸易模式的理论模型构建方面仍存在不足。本书对人口老龄化对个体家庭人力资本投资的影响从理论和实证两方面进行了分析，并从实证角度检验了人口老龄化背景下人力资本影响贸易模式的直接效应与中介效应，但如何将人口老龄化、人力资本与贸易模式或比较优势纳入一个理论框架仍有待进一步的研究。

其次，本书对于人力资本的度量沿用了已有文献中使用的方法，包括基尼系数、CV指数等指标作为人力资本分布的代理指标，但这些方法对于人力资本分布的刻画尚不够准确。与人力资本投资的存量和积累不同，人力资本的分布主要体现了一国人力资本的差异化水平。人力资本存量或均值相似国家的贸易模式可能大相径庭，这是因为人力资本分布的多样性与同质性可能影响一国的贸易基础和贸易模式。由于各国接受不同程度、不同类型教育及培训的劳动者在劳动力市场上所占的比重通常是不同的，所以，人力资本的分布可以表现出集中或分散等特征。现有的人力资本度量方法主要用来度量一个国家的人力资本存量，但无法较好地反映一国的人力资本分布情况。本书尝试使用多种指标比较中国和印度两国的人力资本分布情况，然而受数据等所限制我们对人力资本分布的度量方法仍有待完善。

最后，本书详细分析了人口老龄化对人力资本投资的影响、人力资本、人口老龄化分别对贸易量、贸易结构、全球价值链分工地位等的影响以及人口老龄化背景下人口老龄化影响贸易模式的作用机制，但相关研究仍然不能对人口老龄化与人力资本共同作用下对一国国际贸易利得的影响给出准确的答案。一方面，我们对人口结构变化对一国贸易量与贸易结构的影响并未得到完全一致的结论；另一方面，由于缺乏相关数据以及度量方法的缺陷，在相关研究方面仍然存在不小的困难。人口老龄化导致的人口红利消失与人力资本投资引致的人才红利积累对国际贸易模式与贸易利得的影响是当前面临老龄化问题国家关心的问题之一，也是政策制定者决定的重要依据，相关问题还有待进一步深入。

（二）研究展望

在已有文献研究基础上，本书使用多种方法从理论和实证两方面研究了人口老龄化与人力资本对国际贸易的影响，分析了人口老龄化背景下人力资本影响贸易模式的作用机制。根据本书的研究结果以及前文提出的不足之处，我们认为进一步的研究可以从以下三个方面展开。

第一，更多地利用微观数据检验人口老龄化对人力资本投资的影响并验证影响的作用机制。现有使用宏观层面的老年人口占比和义务教育开支数据可以间接印证人口老龄化与教育开支之间的联系，但确认两者之间存在因果关系是很困难的。如果能够获取相关微观数据，那么就可以更为直观地分析人口老龄化对人力资本投资的影响。相关研究还可以在此基础上对人口老龄化影响人力资本投资的作用机制进行检验。

第二，建立一个人口老龄化背景下人力资本影响贸易模式的理论模型。目前已有越来越多的研究分析人口老龄化以及人力资本对比较优势以及贸易模式的影响，然而对于老龄化与人力资本共同作用下影响贸易模式的理论分析仍然较为少见，一个可能的研究方向是在 OLG 的一般均衡框架下将人口老龄化指标引入贸易模型。未来的研究可以尝试建立一个存在人力资本分布异质性的多国多部门贸易模型，并引入人口老龄化指标，尝试为人口老龄化背景下人力资本分布影响贸易模式的作用机制做出解释。

第三，针对发展中国家特别是我国的人口结构与人力资本影响国际贸易模式和贸易利益的相关问题还有很多研究的空间。目前这一领域的研究多数针对发达国家和地区，学者针对那些较早步入老龄化社会的发达国家和地区的人口结构、人力资本对经济发展、贸易模式和贸易利益等一系列问题进行了研究，而针对发展中国家的相关分析则存在较大的不足。随着越来越多的发展中国家步入老龄化社会且老龄化进程的不断加速，以发展中国家为切入点的理论和实证研究有着重要的现实意义。对于我国这一课题的相关研究中，虽然已有一些文献进行了研究，但并未得出统一的结论，进一步研究的空间仍然很大。

第二节　政策建议

本书分析了人口老龄化、人力资本和国际贸易之间的关系，从理论和实证两个角度研究了人口老龄化背景下人力资本影响贸易模式的作用机制。研究表明，人口结构与人口质量对各国的贸易模式与贸易利益产生了显著的影响。研究结论对一国人口政策、人力资本政策以及贸易和产业政策的制定与调整具有启示意义。

第一，人口政策建议。本书的研究结论表明，人口结构的变化将对人力资本投资与贸易模式产生深远的影响。一方面，鉴于人口老龄化对我国的家庭教育投入有着显著的影响，要想提升家庭人力资本投资水平，我国政府和有关部门应积极完善社会保障制度和养老制度，鼓励社会、企业、家庭共同养老，防止养老负担与家庭教育开支之间的代际竞争效应对人力资本积累造成不利影响。此外，有针对性地通过提供助学贷款和学杂费减免等方式帮扶农村或贫困落后地区的家庭群体，提升其教育投资水平。另一方面，人口老龄化的推进将削弱一国在劳动密集型产品上的比较优势，这对于尚未在资本密集型产品的生产上建立比较优势的国家十分不利。为此，一国政府应继续加大公共教育支出，为劳动密集型产品的

167

生产和出口创造技能水平适宜的劳动力供给。鉴于人口老龄化也是人口预期寿命提高的结果，各国政府也可以通过适当延长退休年龄或实行弹性退休制度的方式把实际退休年龄后延，从而扩大劳动年龄人口的规模。人口老龄化带来的劳动力成本提升可能倒逼一国进行出口结构调整和竞争优势创新。要创造新的比较优势，需要一国提升劳动生产率，培育和积累更多的高素质劳动力以实现"智能红利"。为此，政府和相关机构应通过加大教育开支中对高等教育、研究机构以及职业培训等的投入比例，培育更多的高技能劳动力积累人力资本红利，以应对人口老龄化对劳动密集型产业的冲击并实现出口结构优化和分工地位提升。

第二，人力资本政策建议。随着人口老龄化的推进，人力资本与技术创新正越来越成为经济发展的重要推动力。通过提高劳动力质量缓解劳动力数量减少对经济发展可能带来的负面影响，需要强化人力资本红利。长期以来，我国在国际贸易领域利用丰裕的劳动力这一比较优势参与国际分工，然而随着人口老龄化对劳动力市场的负面影响不断加剧，我国的劳动力比较优势将无法持续地拥有国际竞争力。提高劳动力的人力资本水平是建立新的比较优势的关键。人力资本存量的提高和人力资本结构升级有助于我国贸易结构的改善与升级。相关人力资本政策可以从增加人力资本水平与改善人力资本结构两方面入手。一方面，政府及相关部门应进一步加大财政教育投资，同时促进民间教育的投资以弥补政府教育投资的不足；另一方面，积极调整人力资本投资的结构变化和分布。政府和有关部门可以从调整教育投资结构的视角出发，加强对职业教育的投入比重，高度重视技术专业人才的培养，注重对科研机构和人才的支持，为技术进步提供良好的人力资本基础。通过促进人力资本结构的高级化和人力资本分布的多样化为全球价值链分工地位提升和长期经济发展创造新动能。

第三，贸易与产业政策建议。当前我国的国际贸易在国内和国外均面临重大挑战。在国内，随着劳动年龄人口数量开始下降和劳动力成本不断上升，一些东南亚发展中国家的劳动力禀赋优势较我国而言逐渐凸显，许多劳动力密集型行业企业开始由我国转向东南亚国家投资设厂，我国出口企业面临的国际竞争愈加激烈，出口贸易模式不可避免地面临转型升级的挑战。在国际上，逆全球化与贸易保护主义抬头导致全球贸易摩擦加剧，国际贸易环境愈加复杂多变，我国在产业和贸易结构升级的进程中遭到来自发达国家的封锁和挤压。为此，我国政府和有关部门应有针对性地制定相关贸易和产业政策，积极应对国际贸易领域在国内外遇到的挑战。一方面，应支持企业实现向全球价值链的高端攀升，实现出口转型升级，鼓励企业加大研发投入提升创新能力。对传统劳动力密集型产业，可通过由沿海地区向内陆省份梯度转移等方式降低生产成本，并在信贷、保险和出口退税等方面进行相应的政策调整以稳定相关企业出口的基本盘。另一方面，积极提升我国参与全球治理和规则制定的能力，加强我国在全球治理体系中的话语权，积极维护多边贸易体制，为我国在新时期发展国际贸易赢得更好的外部环境，从而进一步推进与贸易伙伴国间的自贸区谈判、提升与"一带一路"沿线国家的经贸合作水平。

参考文献

［1］蔡昉. 未富先老与中国经济增长的可持续性［J］. 国际经济评论，2012（1）：82-95.

［2］蔡昉，王美艳. 中国城镇劳动参与率的变化及其政策含义［J］. 中国社会科学，2004（4）：68-79.

［3］岑丽君. 中国在全球生产网络中的分工与贸易地位——基于 TiVA 数据与 GVC 指数的研究［J］. 国际贸易问题，2015（1）：3-14.

［4］陈春华. 全球生产工序分割下两岸中高端制造业 GVC 分工地位研究——基于改进 KPWW 核算方法［J］. 亚太经济，2020（3）：131-139.

［5］陈卫民，施美程. 发达国家人口老龄化过程中的产业结构转变［J］. 南开学报（哲学社会科学版），2013（6）：32-41.

［6］陈仲常，马红旗. 人力资本的离散度、追赶效应与经济增长的关系——基于人力资本分布结构的异质性［J］. 数量经济技术经济研究，2011（6）：21-36.

［7］陈智君，胡春田. 中国应该以经常项目逆差为目标吗——以人口结构变迁为视角［J］. 当代经济科学，2009（4）：1-11.

［8］代谦、别朝霞. 人力资本、动态比较优势与发展中国家产业结构升级［J］. 世界经济，2006（11）：70-84+96。

［9］邓光耀，张忠杰. 全球价值链视角下中国和世界主要国家（地区）分工地位的比较研究——基于行业上游度的分析［J］. 经济问题探索，2018（8）：125-132.

［10］范叙春，朱保华. 预期寿命增长、年龄结构改变与我国国民储蓄率［J］. 人口研究，2012（4）：18-28.

［11］封思贤，吴玮. 汇率变化对不同类商品进出口的影响［J］. 数量经济技术经济研究，2008（7）：106-117.

［12］冯晓玲，赵放. 人力资本和R&D投入与美国服务贸易的关系分析［J］. 财贸经济，2009（6）：75-82.

［13］高越，李荣林. 人口老龄化如何影响出口技术复杂度［J］. 当代财经，2018（6）：92-101.

［14］高春亮. 人口红利贡献被高估了吗？——基于人力资本积累视角的研究［J］. 南方经济，2020（5）：65-78.

［15］耿晔强，白力芳. 人力资本结构高级化、研发强度与制造业全球价值链升级［J］. 世界经济研究，2019（8）：88-102.

［16］郭炳南. 外商直接投资的技术外溢、自主创新能力与出口贸易结构——基于中国省级动态面板数据的经验考察［J］. 经济经纬，2010（2）：34-38.

［17］郭剑雄. 人力资本、生育率与城乡收入差距的收敛［J］. 中国社会科学，2005（3）：27-37.

［18］郭沛，秦晋霞. 价值链长度对工资差距的影响——基于世界投入产出数据库的实证研究［J］. 东北师大学报（哲学社会科学版），2017（6）：74-79.

［19］郭瑜. 人口老龄化对中国劳动力供给的影响［J］. 经济理论与经济管理，2013（11）：49-58.

［20］郭震威，齐险峰. "四二一"家庭微观仿真模型在生育政策研究中的应用［J］. 人口研究，2008（2）：5-15.

［21］胡昭玲，张咏华. 中国制造业国际分工地位研究——基于增加值贸易的视角［J］. 南开学报（哲学社会科学版），2015（3）：149-160.

［22］胡春林. 珠三角地区产业结构转型研究——基于人口老龄化背景［J］. 当代经济，2011（19）：75-77.

［23］黄顺绪，严汉平，李冀. 人口年龄结构、多元出口市场与比较优势演化［J］. 当代经济科学，2017（1）：13-20.

［24］黄永明，张文洁. 中国出口复杂度的测度与影响因素分析［J］. 世界经济研究，2011（12）：59-86.

［25］黄先海，杨高举. 中国高技术产业的国际分工地位研究——竞争型投入占用产出模型的跨国分析［J］. 世界经济，2010（5）：82-100.

［26］蒋承，顾大男，柳玉芝，曾毅. 中国老年人照料成本研究——多状态生命表方法［J］. 人口研究，2009（3）：81-88.

［27］蒋同明. 人口老龄化对中国劳动力市场的影响及应对举措［J］. 宏观经济研究，2019（12）：148-159.

［28］李兵，任远. 人口结构是怎样影响经常账户不平衡的？——以第二次世界大战为工具变量的经验证据［J］. 经济研究，2015（10）：119-133.

［29］李德煌，夏恩君. 人力资本对中国经济增长的影响——基于扩展 Solow 模型的研究［J］. 中国人口·资源与环境，2013（8）：100-106.

［30］李超，罗润东. 老龄化、预防动机与家庭储蓄率——对中国第二次人口红利的实证研究［J］. 人口与经济，2018（2）：104-113.

［31］李福柱，李忠双. 我国人力资本产业配置结构变动与调控研究［J］. 2008（2）：80-83.

［32］李海峥，李波，裘越芳，郭大治，唐棠. 中国人力资本的度量：方法、结果及应用［J］. 中央财经大学学报，2014（5）：69-78.

［33］李静. 初始人力资本匹配、垂直专业化与产业全球价值链跃迁［J］. 世界经济研究，2015（1）：65-73.

［34］李静，楠玉. 人力资本错配下的决策：优先创新驱动还是优先产业升级？［J］. 经济研究，2019（8）：152-166.

［35］刘永平，陆铭. 放松计划生育政策将如何影响经济增长——基于家庭养老视角的理论分析［J］. 经济学（季刊），2008（4）：1271-1300.

［36］刘渝琳，刘铠豪. 人口结构与经常项目收支——来自中国省级面板数据的证据［J］. 山西财经大学学报，2015（3）：22-33.

［37］刘文，张琪. 人口老龄化对人力资本投资的"倒U"影响效应——理论机制与中日韩比较研究［J］. 中国人口·资源与环境，2017（27）：39-51.

［38］刘海云，毛海欧. 国家国际分工地位及其影响因素——基于"GVC 地位指数"的实证分析［J］. 国际经贸探索，2015（8）：44-53.

［39］刘维林，李兰冰，刘玉海. 全球价值链嵌入对中国出口技术复杂度的影响［J］. 中国工业经济，2014（6）：83-95.

［40］刘成坤，赵昕东. 人口老龄化对中国产业结构升级的影响研究［J］. 区域经济评论，2018（4）：69-80.

［41］陆旸，蔡昉. 人口结构变化对潜在增长率的影响：中国和日本的比较［J］. 世界经济，2014（1）：3-29.

［42］鲁志国. 简论人口老龄化对我国产业结构调整的影响［J］. 深圳大学学报（人文社会科学版），2001（2）：45-51.

［43］鲁志国，黄赤峰. 人口老龄化与产业结构调整［J］. 中国经济问题，2003（3）：59-62.

［44］吕越，吕云龙，包群. 融资约束与企业增加值贸易——基于全球价值链视角的微观证据［J］. 金融研究，2017（5）：63-79.

［45］潘士远. 贸易自由化、有偏的学习效应与发展中国家的工资差异［J］.

经济研究，2007（6）：98-105.

[46] 彭秀健，Dietrich Fausten. 低生育率、人口老龄化与劳动力供给 [J]. 中国劳动经济学，2006（4）：43-63.

[47] 蒲红霞. 外贸新形势下出口国内技术复杂度影响因素研究——来自中国工业行业的实证检验 [J]. 国际经贸探索，2015（11）：16-29.

[48] 邱斌，叶龙凤，孙少勤. 参与全球生产网络对我国制造业价值链提升影响的实证研究——基于出口复杂度的分析 [J]. 中国工业经济，2012（1）：57-67.

[49] 孙永强，颜燕. 要素结构、经济增长与发展战略 [J]. 经济统计学（季刊），2015（2）：119-129.

[50] 唐海燕，张会清. 产品内国际分工与发展中国家的价值链提升 [J]. 经济研究，2009（9）：81-93.

[51] 陶良虎，石逸飞. 人口老龄化对产业结构升级的中介效应影响研究 [J]. 北京邮电大学学报（社会科学版），2018（4）：44-54.

[52] 陶涛，王楠麟，张会平. 多国人口老龄化路径同原点比较及其经济社会影响 [J]. 人口研究，2019（5）：28-42.

[53] 田巍，姚洋，余淼杰，周羿. 人口结构与国际贸易 [J]. 经济研究，2013（11）：87-99.

[54] 铁瑛，张明志. 人口结构、企业出口与加工贸易：微观机理与经验证据 [J]. 财贸经济，2017（7）：121-135.

[55] 铁瑛，张明志，陈榕景. 人口结构转型、人口红利演进与出口增长——来自中国城市层面的经验证据 [J]. 经济研究，2019（5）：164-180.

[56] 王岚. 融入全球价值链对中国制造业国际分工地位的影响 [J]. 统计研究，2014（5）：17-23.

[57] 王孝松，翟光宇，林发勤. 中国出口产品技术含量的影响因素探究 [J]. 数量经济技术经济研究，2014（11）：21-69.

[58] 王永齐. 贸易溢出、人力资本与经济增长——基于中国数据的经验分析 [J]. 南开经济研究，2006（1）：101-113.

[59] 王颖，倪超. 中国与印度人口转变的经济效应——基于1960～2010年时间序列数据的实证分析 [J]. 人口与发展，2014（4）：11-19.

[60] 王直，魏尚进，祝坤福. 总贸易核算法：官方贸易统计与全球价值链的度量 [J]. 中国社会科学，2015（9）：108-127.

[61] 王有鑫，赵雅婧. 人口年龄结构与出口比较优势——理论框架和实证

经验 [J]. 世界经济研究, 2016 (4): 78-93.

[62] 王有鑫, 王猛, 赵雅婧. 人口老龄化促进了出口产品品质升级吗? [J]. 财贸研究, 2015 (2): 61-69.

[63] 王维国, 刘丰, 胡春龙. 生育政策、人口年龄结构优化与经济增长 [J]. 经济研究, 2019 (1): 116-131.

[64] 汪伟. 人口结构变化与中国贸易顺差: 理论与实证研究 [J]. 财经研究, 2012 (8): 26-36.

[65] 汪伟. 人口老龄化、生育政策调整与中国经济增长 [J]. 经济学 (季刊), 2016 (10): 67-95.

[66] 汪伟, 刘玉飞, 彭冬冬. 人口老龄化的产业结构升级效应研究 [J]. 中国工业经济, 2015 (11): 47-61.

[67] 魏下海. 贸易开放、人力资本与中国全要素生产率——基于分位数回归方法的经验研究 [J]. 数量经济技术经济研究, 2009 (7): 61-72.

[68] 温忠麟, 叶宝娟. 中介效应分析: 方法和模型发展 [J]. 心理科学进展, 2014, 22 (5): 731-745.

[69] 温忠麟, 张雷, 侯杰泰, 刘红云. 中介效应检验程序及其应用 [J]. 心理学报, 2004 (9): 614-620.

[70] 武康平, 张永亮. 老龄化趋势下年龄依赖型要素对比较优势的影响——来自中国的经验研究 [J]. 经济学报, 2018 (2): 63-93.

[71] 许培源. 人力资本、南北贸易与经济增长: 一个分析框架 [J]. 国际贸易问题, 2012 (2): 3-13.

[72] 许和连, 介朋, 祝树金. 贸易开放度、人力资本与全要素生产率: 基于中国省际面板数据的经验分析 [J]. 世界经济, 2006 (12): 3-10.

[73] 许岩, 尹希果. 技术选择: "因势利导" 还是 "适度赶超"? [J]. 数量经济技术经济研究, 2017 (8): 55-71.

[74] 徐元国, 张陈宇, 阴雪松. 人口结构变动对地区外贸出口的影响——基于 31 个省市的面板数据 [J]. 财经论丛, 2017 (7): 12-19.

[75] 杨继军. 人口因素如何挑起外贸失衡: 现象描述、理论模型与数值模拟 [J]. 国际贸易问题, 2010 (11): 3-12.

[76] 杨继军, 马野青. 中国的高储蓄率与外贸失衡: 基于人口因素的视角 [J]. 国际贸易问题, 2011 (12): 148-157.

[77] 姚先国, 张海峰. 教育、人力资本与地区经济差异 [J]. 经济研究, 2008 (5): 47-57.

［78］姚洋，余森杰.劳动力、人口和中国出口导向的增长模式［J］.金融研究，2009（9）：1-13.

［79］于伟，张鹏.教育经费投入对经济增长效率的非线性影响——基于门限回归模型的分析［J］.山东财经大学学报，2018（4）：75-82.

［80］袁富华，张平，陆明涛.长期经济增长过程中的人力资本结构——兼论中国人力资本梯度升级问题［J］.经济学动态，2015（5）：11-21.

［81］杨高举，黄先海.内部动力与后发分工地位升级［J］.中国社会科学，2013（2）：25-45.

［82］杨晶晶，于意，王华.出口技术结构测度及其影响因素——基于省际面板数据的研究［J］.财贸研究，2013（4）：75-82.

［83］占丽.人口结构转型能否重塑攀升价值链新动力？［J］.世界经济研究，2019（2）：61-73.

［84］张川川.中等教育陷阱？——出口扩张、就业增长与个体教育决策［J］.经济研究，2015（12）：115-127.

［85］祝树金，戢璇，傅晓岚.出口品技术水平的决定因素：来自跨国面板数据的证据［J］.世界经济，2010（4）：28-46.

［86］张凤林.人力资本理论及其应用研究［M］.北京：商务印书馆，2006.

［87］张桂文，孙亚南.人力资本与产业结构演进耦合关系的实证研究［J］.中国人口科学，2014（6）：96-106.

［88］张若雪.人力资本、技术采用与产业结构升级［J］.财经科学，2010（2）：66-74.

［89］仲伟周，陈晨.贸易开放、人力资本门限与区域创新发展——基于省级面板数据的实证研究［J］.经济问题探索，2018（2）：58-66.

［90］张国强，温军，汤向俊.中国人力资本、人力资本结构与产业结构升级［J］.中国人口·资源与环境，2011（10）：138-146.

［91］张桂文，孙亚南.人力资本与产业结构演进耦合关系的实证研究［J］.中国人口科学，2014（6）：96-106.

［92］张秀武，赵昕东.人口年龄结构、人力资本与经济增长［J］.宏观经济研究，2018（4）：5-18.

［93］赵昕东，刘成坤.人口老龄化对制造业结构升级的作用机制研究——基于中介效应模型的检验［J］.中国软科学，2019（3）：153-163.

［94］周少甫，王伟，董登新.人力资本与产业结构转化对经济增长的效应分析——来自中国省级面板数据的经验证据［J］.数量经济技术经济研究，2013

（8）：65-77.

[95] 周靖祥, 曹勤. FDI 与出口贸易结构关系研究（1978~2005 年）——基于 DLM 与 TVP 模型的检验 [J]. 数量经济技术经济研究, 2007 (9)：24-36.

[96] 周升起, 兰珍先, 付华. 中国制造业在全球价值链国际分工地位再考察——基于 Koopman 等的 GVC 地位指数 [J]. 国际贸易问题, 2014 (2)：3-12.

[97] 邹薇, 代谦. 技术模仿、人力资本积累与经济赶超 [J]. 中国社会科学, 2003 (5)：26-38.

[98] 周茂, 李雨浓, 姚星, 陆毅. 人力资本扩张与中国城市制造业出口升级：来自高校扩招的证据 [J]. 管理世界, 2019 (5)：64-77.

[99] 周祝平, 刘海斌. 人口老龄化对劳动力参与率的影响 [J]. 人口研究, 2016 (3)：58-70.

[100] Acemoglu, Dargon. Patterns of Skill Premia [J]. Review of Economic Studies, 2003 (70)：199-230.

[101] Acemoglu D., Why Do New Technologies Complement Skills? Directed Technical Change and Wage Inequality [J]. Quarterly Journal of Economics, 1998, 11 (113)：1055-1089.

[102] Acemoglu D., Zilibotti F., Productivity Differences [J]. Quarterly Journal of Economics, 2001, 5 (116)：563-606.

[103] Akira Yakita. Different Demographic Changes and Patterns of Trade in a Heckscher-Ohlin Setting [J]. Journal of Population Economics, 2012 (25)：853-870.

[104] Amy Rehder Harris, William Evans and Robert M. Schwab, Education Spending in An Aging America [J]. Journal of Public Economics, 2001, 81 (3)：449-472.

[105] Arbache J. et al.. Trade Liberalization and Wages in Developing Countries [J]. The Economic Journal, 2004 (114)：73-96.

[106] Atkin D. Endogenous Skill Acquisition and Export Manufacturing in Mexico [J]. American Economic Review, 2016 (109)：2046-2085.

[107] Antràs P., Chor D., Fally T., Hillberry R. Measuring the Upstreamness of Production and Trade Flows [J]. The American Economic Review, 2012 (102)：412-416.

[108] Attanasio O., Goldberg P. K. and Pavcnik N. Trade Reforms and Wage Inequality in Colombia [J]. Journal of Development Economics, 2004, 74 (2)：331-366.

[109] Baron R. M., Kenny D. A. The Moderator-mediator Variable Distinction in Social Psychological Research: Conceptual, Strategic, and Statistical Considerations [J]. Journal of Personality and Social Psychology, 1986 (51): 1173-1182.

[110] Becker G., Kevin M., Tamura T. Human Capital, Fertility, and Economic Growth [J]. Journal of Political Economy, 1990 (98): 12-37.

[111] Brunner E., Balsdon E. Intergenerational Conflict and the Political Economy of School Spending [J]. Journal of Urban Economics, 2004, 56 (2), 369-388.

[112] Bougheas S., R. Riezman. Trade and the Distribution of Human Capital [J]. Journal of International Economics, 2007, 73 (2): 421-433.

[113] Bombardini M. et al. Skill Dispersion and Trade Flows [J]. American Economic Review, 2012 (102): 2327-2348.

[114] Caroline M. Hoxby. How Much Does School Spending Depend on Family Income? The Historical Origins of the Current School Finance Dilemma [J]. American Economic Review, 1998, 88 (2): 309-314.

[115] Chinn M, Prasad E. Medium-Term Determinants of Current Accounts in Industrial and Developing Countries: An Empirical Exploration [J]. Journal of International Economics, 2003 (59): 47-76.

[116] Christian A. L. Hilberab, Christopher Mayer. Why do Households Without Children Support Local Public Schools? Linking House Price Capitalization to School Spending [J]. Journal of Urban Economics, 2009 (65) 1: 74-90.

[117] Cipriani, Giam Pietro & Makris, Miltiadis. A Model with Self-fulfilling Prophecies of Longevity [J]. Economics Letters, 2006, 91 (1): 122-126.

[118] David E Bloom, David Canning, Global Demographic Change: Dimensions and Economic Significance [R]. NBER Working Paper, w10817, 2004.

[119] David T. Coe, Elhanan Helpman. International R&D Spillovers [J]. European Economic Review, 1995, 39 (5): 859-887.

[120] Dinopoulos E., Segerstrom P. A Schumpeterian Model of Protection and Relative Wages [J]. American Economic Review, 1999, 89 (3): 450-472.

[121] Ehrlich, Isaac, Francis T. Lui. International Trade, Longevity, and Economic Growth [J]. Journal of Political Economy, 1991, 99 (5): 1029-1059.

[122] Epple D., R. Romano, and H. Sieg. The Intergenerational Conflict Over the Provision of Public education [J]. Journal of Public Economics, 2012, 96 (3), 255-268.

[123] Eric W. Bond, K Trask, P Wang, Factor Accumulation and Trade: Dynamic Comparative Advantage with Endogenous Physical and Human Capital [J]. International Economic Review, 2003, 44 (3): 1041-1060.

[124] Feenstra, Robert C., Gordon H. Hanson. Globalization, Outsourcing, and Wage Inequality [J]. American Economic Review, 1996 (86): 240-245.

[125] Fougere M., Merette, M. Population Aging and Economic Growth in Seven OECD countries [J]. Economic Modeling, 1999 (16): 411-427.

[126] Fougère M., Harvey S., Mercenier J. et al. Population Ageing, time Allocation and Human Capital: A General Equilibrium Analysis for Canada [J]. Economic Modelling, 2009, 26 (1): 30-39.

[127] G. M. Grossman, E. Helpman. Trade, Knowledge Spillovers and Growth [J]. European Economic Review, 1991 (35): 517-526.

[128] Grob U., Wolter S. C. Demographic Change and Public Education Spending: A Conflict between Young and Old? [J]. Education Economics, 2007, 15 (3): 68-89.

[129] Grossman G., G. Maggi. Diversity and Trade [J]. American Economic Review, 2000, 90 (5): 1255-1275.

[130] Grossman G. M., The Distribution of Talent and the Pattern and Conquences of International Trade [J]. Journal of Political Economy, 2004, 112 (1): 209-239.

[131] Harris A. R., Evans W. N., Schwab R. M. Education Spending in an Aging America [J]. Journal of Public Economics, 2001 (1): 449-472.

[132] Harrison, Ann E., Inessa Love, and Margaret S. McMillan. Global Capital Flows and Financing Constraints [J]. Journal of Development Economics, 2004 (75): 269-301.

[133] Harrison G., A. Hanson. A. Trade Liberalization and Wage Inequality in Mexico [J]. Industrial and Labor Relations Review, 1999, 52 (2): 271-288.

[134] Hausmann, Ricardo, Jason Hwang, Dani Rodrik. What You Export Matters [J]. Journal of Economic Growth, 2007 (12): 1-25.

[135] Heckman et al. Matching As An Econometric Evaluation Estimator [J]. The Review of Economic Studies, 1998 (65): 261-294.

[136] Hering L., S. Poncet. Market Access and Individual Wages: Evidence from China [J]. Review of Economics and Statistics, 2010, 92 (1): 145-159.

[137] Henriksen E. R. A Demographic Explanation of U. S. and Japanese Current

Account Behavior, Unpublished Manuscript [M]. Carnegie Mellon University, 2002.

[138] Higgins M. Demography, National Saving and International Capital Flows [J]. International Economic Review, 1998, 39 (2): 343-369.

[139] Humphrey J., Upgrading in Global Value Chains [R]. International Labour Office Working Paper, 2004 (28).

[140] Ishikawa J., Scale Economies in Factor Supplies, International Trade and Migration [J]. Canadian Journal of Economics, 1996 (29): 573-94.

[141] James M Poterba, Demographic Structure and the Political Economy of Public Education [J]. Journal of Policy Analysis and Management, 1997, 16 (1): 48-66.

[142] James, A. Poterba. Demographic Change, Intergenerational Linkages and Public Education [J]. American Economic Review, 1998, 88 (2): 315-320.

[143] Jess Benhabib, Mark M. Spiegel. The Role of Human Capital in Economic Development Evidence from Aggregate Cross-country Data [J]. Journal of Monetary Economics, 1994, 34 (2): 143-173.

[144] Jonathan I. Dingel. The Determinants of Quality Specialization [J]. The Review of Economic Studies, 2016, 84 (4): 1551-1582.

[145] Jorgenson D. W., B. M. Fraumeni. The Accumulation of Human and Non-Human Capital, 1948-1984, in R. Lipsey and H. Tice eds., The Measurement of Saving, Investment and Wealth, Chicago [M]. University of Chicago Press, NBER, 1989: 227-282.

[146] Jorgenson D. W., B. M. Fraumeni. Investment in Education and U. S. Economic Growth [J]. Scandinavian Journal of Economics, 1992 (94): Supplement: S51-70.

[147] Judd C. M., Kenny D. A. Process Analysis: Estimating Mediation in Treatment Evaluations [J]. Evaluation Review, 1981 (5): 602-619.

[148] Koopman R, Powers W, Wang Z and Wei SJ. Give Credit Where Credit Is Due: Tracing Value Added in Global Production Chains [R]. NBER Working Paper, 2010: 16426.

[149] Koopman R, Wang Z, Wei SJ, Tracing Value-added and Double Counting in Gross Exports [J]. American Economic Review, 2014, 104 (2): 459-494.

[150] Kurban H., Gallagher R. M., & Persky J. J. Demographic Changes and Education Expenditures: A Reinterpretation [J]. Economics of Education Review,

2015（45）：103-108.

［151］Ladd H. F., Murray, S. E. Intergenerational Conflict Reconsidered： County Demographic Structure and the Demand for Public Education ［J］. Economics of Education Review, 2001, 20（4）, 343-357.

［152］M. Bombardini, G. Gallipoli, G. Pupato., Skill Dispersion and Trade Flows ［J］. American Economic Review, 2012, 102（5）：2327-2348.

［153］M. Bombardini, G. Gallipoli, G. Pupato. Unobservable Skill Dispersion and Comparative Advantage ［J］. Journal of International Economics, 2014, 92（2）：317-329.

［154］MacKinnon D. P., Lockwood C. M., Hoffman J. M., West S. G., Sheets V. A Comparison of Methods to test Mediation and Other Intervening Variable Effects ［J］. Psychological Methods, 2002（7）：83-104.

［155］Mincer Jacob A. Schooling, Experience and Earnings ［M］. New York： Columbia University Press, 1974.

［156］Naito T, Zhao L. Aging, Transitional Dynamics and Gains from Trade ［J］. Journal of Economic Dynamics and Control, 2009, 33（8）：1531-1542.

［157］Nelson R. R., Phelps E. S. Investment in Humans, Technological Diffusion and Economic Growth ［J］. American Economic Review, 1996（56）：69-75.

［158］Ohtake F. & Sano S. Impacts of Population Ageing on Public Education in Japan ［J］. Osaka Economic Papers, 2009, 59（3）, 106-130.

［159］Ohtake F. & Sano S. The Effects of Demographic Change on Public Education in Japan. In T. Ito & A. K. Rose（Eds.）. The Economic Consequences of Demographic Change in East Asia, NBER-EASE ［M］. Chicago： The University of Chicago Press, 2009（19）：193-219.

［160］Papyrakise E., Gelagh R. Natural resources： A blessing or a curse ［R］. FEEM Working Paper, 2003（8）.

［161］Paula Bustos. Trade Liberalization, Exports and Technology Upgrading： Evidence on the Impact of MERCOSUR on Argentinian Firms ［J］. American Economic Review, 2011, 101（1）：304-340.

［162］Pecchenino, Rowena A., Pollard, Patricia S. Dependent Children and Aged Parents： Funding Education and Social Security in an Aging Economy ［J］. Journal of Macroeconomics, 2002, 24（2）：145-169.

［163］Perry G. and M. Olarreaga. Trade Liberalisation, Inequality and Poverty

Reduction in Latin America [R]. Mineo, World Bank, 2006.

[164] Remco H. Oostendorp, Doan Hong Quang. The Impact of Trade Liberalization on the Return to Education in Vietnam: Wage Versus Employment Effect [R]. Tinbergen Institute Discussion Paper, 2011.

[165] Robert E Lucas, On the Mechanics of Economic Development [J]. Journal of Monetary Economics, 1988, 22 (1): 3-42.

[166] Rodrik, Dani. What Is So Special about China's Exports? [R]. NBER Working Paper, 2006: 11947.

[167] Romer P M. Increasing Returns and Long Run Growth [J]. Journal of Political Economy, 1986, 94 (5): 1002-1037.

[168] Sachs J, Warner A. The Curse of Natural Resources [J]. European Economic Review, 2001, 45 (4): 827-838.

[169] Sayan S. Heckscher - Ohlin Revisited: Implications of Differential Population Dynamics for Trade within an Overlapping Generations Framework [J]. Journal of Economic Dynamics and Control, 2005, 29 (9): 1471-1493.

[170] Sobel M. E. Asymptotic Confidence Intervals for Indirect Effects in Structural Equation models. In S. Leinhardt (Ed.), Sociological Methodology [M]. Washington, DC: American Sociological Association, 1982.

[171] Theodore W. Schultz. Investment in Human Capital: The Role of Education and Research [M]. Beijing: The Commercial Press, 1990.

[172] Solow R. M. Technical Change and the Aggregate Production Function [J]. Review of Economics and Statistics, 1957, 39 (3): 312-320.

[173] Unger, Jonathan. Urban Families in the Eighties: An Analysis of Chinese Surveys. 25-49 in Chinese Families in the Post-Mao Era [M]. edited by Deborah Davis and Steven Harrell. University of California Press, 1993.

[174] Wang Zhi and Wei Shang-Jin. What Accounts for the Rising Sophistication of China's Exports [R]. NBER Working Paper, 2008: 13771.

[175] Xu B., W. Li. Trade, Technology and China's Rising Skill Demand [J]. Economics of Transition, 2008, 16 (1): 59-84.

[176] Yakita A. Different Demographic Changes and Patterns of Trade in A Heckscher-Ohlin Setting [J]. Journal of Population Economics, 2012, 25 (5): 853-870.

[177] Zhang J., Zhang J., Lee, R. Rising longevity, Education, Savings and Growth [J]. Journal of Developing Economics, 2003 (3): 83-101.

后 记

  人口老龄化对一国的人口年龄结构产生深刻影响并改变劳动力供给情况，这将直接影响各国的要素禀赋乃至国际贸易模式。当前，包括中国在内的许多发展中国家都面临着人口老龄化程度不断加深导致传统劳动密集型产品比较优势逐渐削弱的问题。能否利用人力资本红利缓解人口红利下降带来的不利影响，进而实现本国比较优势的转化与出口结构升级成为许多发展中国家共同面临的重要课题。基于此，本书作为国家社科基金项目"人口老龄化背景下人力资本影响贸易模式的作用机制研究"（项目编号：16CJL047）的最终成果，分析了人口老龄化、人力资本和国际贸易之间的关系，从理论和实证两个角度研究了人口老龄化背景下人力资本影响贸易模式的作用机制以及代表性国家在人口老龄化背景下开发人力资本红利的国际经验和对我国的启示。

  各国的人口老龄化程度与人力资本水平都不是固定不变的，国际贸易模式也随着一国要素禀赋数量与质量的变化不断调整，研究领域的诸多理论和现实问题有待进一步探讨和完善。受限于笔者的知识储备和专业水平，本书难免存在不足之处，欢迎专家学者和广大读者批评指正。

  最后，感谢经济管理出版社任爱清老师为本书顺利出版所做的努力。

黄 灿

2021 年 3 月 18 日